Lebe begeistert und gewinne

Frank Bettger

Lebe begeistert
und gewinne

OESCH VERLAG

Titel der amerikanischen Originalausgabe:
How I Raised Myself from Failure
to Success in Selling

Copyright © in the United States of America by
Prentice-Hall, Inc., Englewood Cliffs, NJ

Aus dem Amerikanischen übersetzt von
Ernst Steiger

Copyright © der deutschen Ausgabe bei
Oesch Verlag AG, Zürich
Neuausgabe 1984
23.–37. Tausend, 1986
38.–52. Tausend, 1988

Schutzumschlag: Atelier Binkert, Regensberg
Druck und Bindung: Spiegel, Ulm

ISBN 3 85833 102 3

INHALT

4. TEIL

Wie erwecke ich beim Kunden den Wunsch, das Geschäft mit mir abzuschließen?

5. TEIL

Der Weg zum Verkauf

6. TEIL

Keine Angst vor Mißerfolgen!

Was ich von diesem Buch halte

Ich kenne Frank Bettger, den Autor dieses Buches, seit Jahr-
zehnten. Er hatte eine harte Jugend, verfügte über wenig for-
males Wissen und beendete nicht die höhere Schule. Seine
Lebensgeschichte ist eine typische Erfolgskarriere.

Als Franks Vater starb, hinterließ er eine Frau mit fünf kleinen
Kindern. Mit elf Jahren mußte der kleine Frank um halb fünf
Uhr aufstehen, um an den Straßenecken Zeitungen zu ver-
kaufen. Damit leistete er einen Beitrag für den Unterhalt seiner
verwitweten Mutter, die ihrerseits mit Waschen und Nähen die
Familie mühsam ernährte. Frank hat mir erzählt, daß er zum
Abendessen selten etwas anderes erhielt als Hafermus und
Magermilch.

Mit vierzehn Jahren nahm Frank eine Stelle an als Gehilfe
eines Installateurs, und mit achtzehn wurde er professioneller
Baseballspieler. Zwei Jahre spielte er mit den St. Louis Cardi-
nals. Eines Tages, bei einem Spiel gegen den Chicago Club, erlitt
er eine Armverletzung und war gezwungen, das Baseballspiel
an den Nagel zu hängen.

Ich traf ihn im Alter von neunundzwanzig Jahren in seiner
Heimatstadt Philadelphia, wo er versuchte, sein Brot als Agent
einer Lebensversicherung zu verdienen. Seine Tätigkeit war ein

vollkommener Mißerfolg. Während der nächsten zwölf Jahre gelang es ihm aber, soviel Geld zu verdienen, daß er sich ein Landgut im Werte von 70 000 Dollar kaufen konnte. Es wäre ihm möglich gewesen, mit vierzig Jahren zu privatisieren.

Diese Entwicklung habe ich persönlich miterlebt. Ich sah Franks Aufstieg vom völligen Versager bis zu einem der erfolgreichsten und bestbezahlten Verkäufer Amerikas. Ich überredete ihn, sich mir anzuschließen und die Geschichte seines Aufstiegs in einer Reihe von einwöchigen Vortragsreihen zu erzählen, die ich unter dem Patronat der United States Junior Chamber of Commerce über die Themen «Vorgesetzten-Schulung», «Umgang mit Menschen» und «Verkaufsschulung» veranstaltete.

Während mehr als 25 Jahren hat Frank Bettger fast 40 000 Verkaufsgespräche geführt; das entspricht fünf Kundenbesuchen pro Tag. Diese Erfahrungen geben ihm das Recht, über das Thema dieses Buches zu sprechen und zu schreiben.

Das erste Kapitel, «Wie ich durch eine einzige Idee mein Einkommen und mein Lebensglück vervielfachte», bedeutet für mich ein begeisterndes Beispiel für die Kraft des Enthusiasmus, die Frank Bettger vom hoffnungslosen Versager zu einem der bestbezahlten Verkäufer der Vereinigten Staaten verwandelte.

Ich sah Frank bei seiner ersten, zögernden und unsicheren Ansprache, und ich sah ihn später, wie es ihm gelang, ein großes Auditorium glänzend zu unterhalten und zu fesseln, sei es in Portland, Oregon, Miami oder Florida. Als ich feststellte, welchen starken Einfluß er auf seine Zuhörer ausübte, drängte ich ihn, ein Buch über seine Erfahrungen, seine Technik und seine Verkaufsphilosophie zu schreiben, genau so wie er es vor Tausenden von Zuhörern bei seinen Vorträgen getan hatte.

Und hier ist dieses Buch: die nützlichste und wertvollste Verkaufsschulung, die ich je gelesen habe; ein Buch, das jedem Verkäufer, ob er nun Versicherungen, Schuhe, Schiffe oder Bodenwichse verkauft, eine ungeahnte Hilfe sein wird. Ich habe jede Seite dieses Buches gelesen, und ich kann es mit Überzeugung und Begeisterung empfehlen.

Es gibt Leute, die für eine Zigarette einen Kilometer weit gehen würden. Als ich seinerzeit als Verkäufer begann, wäre ich gerne von Chicago nach New York zu Fuß gegangen, um dieses Buch zu erhalten — wenn es damals schon existiert hätte.

Dale Carnegie

Wie ich dazukam, dieses Buch zu schreiben

Zufällig traf ich eines Tages in New York im selben Zug Dale Carnegie. Er war eben im Begriff, nach Boston zu reisen, um dort einige Kurse abzuhalten.

Dale sagte: «Frank, ich halte unter dem Patronat der United States Junior Chamber of Commerce eine Reihe von Wochenendkursen. Würdest Du mitkommen und einige Vorträge über Verkaufstechnik halten?»

Ich hatte den Eindruck, Dale mache einen Witz und sagte: «Du weißt, daß ich nicht einmal die Sekundarschule fertig gemacht habe. Wie könnte ich Kurse über Verkaufstechnik halten?»

Dale antwortete: «Erzähle einfach, w i e Du Dich aus dem Mißerfolg herausgearbeitet hast. Sag ihnen ganz einfach, w a s Du getan hast, um Erfolg zu haben.»

Ich überdachte den Vorschlag und sagte: «Gut, ich glaube, das brächte ich fertig.»

Kurze Zeit später hielt ich mit Dale in allen Staaten Kurse ab. An fünf aufeinanderfolgenden Abenden sprachen wir vier Stunden zur gleichen Zuhörerschaft. Dale sprach jeweils eine halbe Stunde, und hierauf übernahm ich die nächsten 30 Minuten.

Später fragte mich Dale: «Frank, warum schreibst du eigentlich kein Buch? Viele Bücher über Verkaufstechnik wurden von Leuten geschrieben, die nie selber etwas verkauft haben. Warum willst du nicht ein ganz neues Buch über den Verkauf schreiben? Ein Buch, worin du genau erzählst, w a s du getan hast, w i e du dich vom Mißerfolg zum Erfolg durchgearbeitet hast. Erzähle ganz einfach deine Lebensgeschichte. Setze das Wörtchen «Ich» in j e d e n Satz. Halte keine gelehrte Vorlesung, sondern erzähle ganz einfach deinen Werdegang als Verkäufer!»

Je mehr ich darüber nachdachte, um so unsympathischer wurde mir der Gedanke. Sollte ich meine Person dermaßen herausstreichen?

«Nein, das paßt mir nicht!» sagte ich.

Doch Dale verbrachte einen ganzen Nachmittag damit, mich zu überreden, ein Buch zu schreiben. Dale sagte: «In jeder Stadt, wo wir vor den jungen Kaufleuten unsere Vorträge hielten, wurden wir gefragt, ob Frank Bettger seine Erfahrungen in Buchform herausgeben würde. Du erinnerst dich wahrscheinlich an jenen jungen Mann in Salt Lake City, der für das erste Exemplar des Buches 40 Dollar deponierte. Wir dachten, er wolle einen Spaß machen — aber es war ihm vollkommen ernst damit, denn er wußte genau, daß dieses Buch ihm weit mehr als 40 Dollar einbringen würde ...»

So machte ich mich an die Arbeit, dieses Buch zu schreiben.

Ich habe versucht, genau zu erzählen, welche unglaublichen Fehler ich machte und wie es mir gelang, schließlich aus einer Welt der Mißerfolge und der Hoffnungslosigkeit zum Erfolg und zum Lebensglück zu gelangen.

Als ich meine Arbeit als Verkäufer begann, mußte ich gegen z w e i Hindernisse ankämpfen. Vom Verkauf selbst wußte ich soviel wie ein Kaninchen. Meine Kenntnisse als Baseballspieler waren kaum geeignet, meine Fähigkeiten auf diesem Gebiet zu verbessern, und wenn Lloyds in London auf mich eine Wette abgeschlossen hätten, so wäre der Verlust 1000 : 1 sicher gewesen. Ich selbst hatte nicht mehr Vertrauen in mich als mein Arbeitgeber.

Ich hoffe, daß meine Leser das Wörtchen «Ich» in diesem Buch nicht allzu sehr beachten werden. Wenn irgendeine Stelle dieses Buches nach Selbstruhm riecht, dann ist sie nicht so zu verstehen. Es geht mir lediglich darum, zu erklären, was mir diese Ideen und Erfahrungen genützt haben und zu zeigen, was sie j e d e m nützen können, der sie anwendet.

Ich habe mir Mühe gegeben, das Buch zu schreiben, das ich selbst gesucht habe, als ich anfing zu verkaufen.

1. TEIL

Die Ideen befreiten mich von Mißerfolgen

*Wie ich durch eine einzige Idee mein Einkommen
und mein Lebensglück vervielfachte*

Kurze Zeit nachdem ich professioneller Baseballspieler geworden war, erlitt ich eine der schwersten Enttäuschungen in meinem Leben. Ich spielte damals für Johnstown, Pennsylvania, in der Tri-State-Liga. Ich war jung und ehrgeizig und wollte an die Spitze. Doch was geschah? Ich wurde entlassen! Wahrscheinlich wäre mein ganzes Leben anders verlaufen, wenn ich nicht sofort den Manager aufgesucht und ihn gefragt hätte, *warum* er mich entlassen habe. Hätte ich diese Frage nicht gestellt, so wäre ich kaum jemals dazu gekommen, dieses Buch zu schreiben.

Die Antwort des Managers war deutlich: Er hätte mich entlassen, weil ich ein fauler Spieler sei. Ich hatte viele Gründe erwartet, doch diesen gerade nicht!

«Du schleichst auf dem Feld herum wie ein Veterane, der seit 20 Jahren Ball spielt», sagte er. «Warum spielst du so, wenn du vorgibst, kein Faulpelz zu sein?»

«Schau Bert», sagte ich, «ich bin dermaßen nervös und aufgeregt beim Spiel, daß ich immer darauf aus bin, meine Angst und meine Nervosität vor den Zuschauern und den Mitspielern zu verbergen. Ich dachte, wenn ich mich zur Ruhe zwänge, würde ich meine Nervosität schon los werden.»

«Frank», antwortete der Manager, «auf diesem Weg geht es nicht. Mit dieser Taktik wirst du immer unten bleiben. Was immer du auch tust, nachdem du unseren Club verlassen hast, wache um Gotteswillen auf und gehe mit etwas mehr Begeisterung an deine Arbeit!»

Bei Johnstown verdiente ich 175 Dollar im Monat. Als man mich hinausgeworfen hatte, schloß ich mich in Chester, Pennsylvania, der Atlantic-Liga an, wo ich nur noch mit 25 Dollar im Monat bezahlt wurde. Von dieser Bezahlung war ich nicht sehr begeistert, aber ich begann damit, auf dem Spielfeld begeistert zu *handeln*. Nachdem ich drei Tage mitgespielt hatte, kam ein alter Spieler, Danny Meehan, zu mir und sagte: «Frank, kannst du mir sagen, aus welchen Gründen du in diesem Klübchen spielst?»

«Danny», gab ich zur Antwort, «wenn ich einen besseren Job wüßte, würde ich ihn sofort annehmen.»

Eine Woche später führte mich Danny in den Club New Haven ein, wo ich einen Versuch wagen sollte. Der erste Tag mit diesem Club wird für mich immer in meinem Gedächtnis als ein großes Ereignis haften. Niemand kannte mich in dieser Liga, und ich beschloß, so zu spielen, daß keiner sagen könnte, ich sei faul. Ich faßte den Entschluß, in den Ruf des lebhaftesten Spielers zu kommen, den man in der New-England-Liga je gesehen hatte. Wenn es mir gelingen würde, in diesen Ruf zu geraten, dann würde ich gezwungen sein, auch dabei zu bleiben.

Schon in der ersten Minute auf dem Spielfeld benahm ich mich wie ein mit Elektrizität geladener Spieler, als ob ich von einer Million Batterien gespiesen würde. Ich schlug den Ball so hart und so weit und spielte mit einer solchen Vehemenz und

Schnelligkeit, daß bald alle Zuschauer und erst recht die Spieler auf mich aufmerksam wurden. Ich kam mir vor wie auf einer Bühne, aber ich hielt durch. Das Thermometer zeigte über 30 Grad, und ich wäre nicht erstaunt gewesen, wenn ein Sonnenstich meiner Aktivität ein plötzliches Ende gesetzt hätte.

Meine Begeisterung schlug ein wie ein Blitz. Das Wunder bestand aus *drei Dingen:*

1. Meine Begeisterung besiegte meine Angst. Meine Nervosität begann plötzlich *für* mich zu arbeiten, und ich spielte viel besser als ich mir dies je zugetraut hätte. (Wenn Sie nervös sind, sollten Sie dafür dankbar sein. Halten Sie Ihre Nervosität nicht zurück. Verwandeln Sie sie in Aktivität, und lassen Sie Ihre Nerven für sich arbeiten!)

2. Meine Aktivität und Begeisterung steckte die anderen Spieler an, und nach kurzer Zeit handelten sie ähnlich wie ich.

3. Anstatt unter der Hitze zu leiden und abzusacken, fühlte ich mich immer besser während des Spieles, und als es vorbei war, war mir wohler als je zuvor.

Die größte Überraschung erlebte ich aber, als ich am anderen Morgen in der Zeitung las: «Der neue Spieler, Frank Bettger, ist ein mit Begeisterung geladenes Nervenbündel. Er steckte unsere Spieler an, so daß sie nicht nur das Treffen gewannen, sondern einen besseren Eindruck hinterließen als je in dieser Saison.»

Die Zeitungen nannten mich «Pep» Bettger — den «Motor» des Teams. Mit Vergnügen sandte ich den Zeitungsausschnitt an Bert Conn, den Manager von Johnstown, der mich hinausgeworfen hatte. Können Sie sich sein Gesicht vorstellen, als er die Zeilen über «Pep» Bettger las, den er wegen Faulheit entlassen hatte?

In zehn Tagen erhöhten meine Begeisterung und meine Aktivität mein Einkommen von 25 auf 185 Dollar im Monat — es stieg also um 700 Prozent. Ich wiederhole es: Einzig und allein der feste Entschluß, mit Begeisterung zu spielen, erhöhte mein Einkommen in 10 Tagen um 700 Prozent! Diese gewaltige Verbesserung meines Einkommens erzielte ich nicht, weil ich einen Ball besser werfen oder schlagen konnte, nicht weil sich meine Fähigkeiten als Spieler gebessert hatten, denn ich wußte von Baseball nicht mehr und nicht weniger als vorher, sondern nur durch meine neue Einstellung!

Zwei Jahre nachdem ich mich mit 25 Dollar im kleinen Chester-Club hatte zufriedengeben müssen, spielte ich bei den St. Louis Cardinals und hatte mein Einkommen verdreißigfacht. Wie hatte ich das alles erreicht? Einzig und allein durch meinen Willen, *begeistert zu handeln*.

Wieder zwei Jahre später, bei einem Spiel gegen den Chicago-Club erlitt ich einen schweren Unfall. Durch eine unglückliche Bewegung fühlte ich, wie irgend etwas in meinem Arm knackte. Die Folge war, daß ich das Baseballspiel aufgeben mußte. Damals erschien mir dieser Unfall als eine große Tragödie. Heute, wenn ich daran zurückdenke, halte ich ihn für eines der glücklichsten Ereignisse meines Lebens.

Ich kehrte nach Hause zurück, und während der folgenden zwei Jahre verdiente ich mein Brot, indem ich mit dem Velo durch die Straßen Philadelphias fuhr und im Auftrage einer großen Abzahlungsfirma Raten einkassierte. Nach zwei unerfreulichen Jahren beschloß ich, zu versuchen, Versicherungen für die Fidelity Mutual Lebensversicherungs-Gesellschaft an den Mann zu bringen.

Die nächsten zehn Monate waren für mich die längsten und deprimierendsten meines ganzen Lebens.

Ich versagte vollkommen beim Versuch, Lebensversicherungen zu verkaufen, und ich kam zum Schluß, daß ich überhaupt nie ein guter Verkäufer werden würde. Ich begann, auf Stellenangebote Offerten zu schreiben und suchte eine Arbeit als Angestellter einer Schiffahrtsgesellschaft. Es war mir klar, daß ich, ungeachtet der Art von Arbeit, die ich ausführen mußte, unter einem starken Angstkomplex litt, den ich unter allen Umständen überwinden mußte. Aus diesem Grunde besuchte ich einen Dale Carnegie-Kurs. Einmal, als ich einen kurzen Vortrag hielt, unterbrach mich Mr. Carnegie und sagte: «Mr. Bettger — nur einen Augenblick — sind Sie eigentlich an dem, was Sie sagen, interessiert?»

«Aber natürlich», sagte ich.

«Gut», gab Mr. Carnegie zur Antwort, «warum legen Sie dann nicht etwas mehr Enthusiasmus hinein? Wie sollen sich Ihre Zuhörer dafür interessieren, wenn Sie selbst nicht etwas Lebendigkeit und Intensität in Ihre Worte legen?»

Dale Carnegie hielt unserer Klasse hierauf einen Vortrag über die Macht der Begeisterung. Er selbst steigerte seine Rede in eine solche Intensität hinein, daß er einen Stuhl gegen die Wand warf, und ihm ein Bein losbrach.

Bevor ich mich in jener Nacht zu Bett legte, saß ich eine volle Stunde auf und dachte nach. Ich erinnerte mich an meine Tätigkeit als Baseballspieler bei Johnstown und New Haven, und es wurde mir klar, daß der gleiche Fehler, der beinahe meine Baseballkarriere zerstört hätte, nun auch meine Laufbahn als Verkäufer zu vernichten drohte.

Der Entschluß jener Nacht bedeutete einen Wendepunkt in meinem Leben. Mit der gleichen Begeisterung und Aktivität, mit der ich damals bei New Haven spielte, wollte ich meine Arbeit als Verkäufer und Versicherungsmann beginnen.

Nie werde ich den ersten Kundenbesuch am anderen Morgen vergessen. Es war mein erster, wunderbarer Durchbruch zum Erfolg. Ich nahm mir vor, dem Kunden als der aktivste und lebendigste Verkäufer entgegenzutreten, der ihm je zu Gesicht gekommen war. Als ich meine ersten Worte hervorsprudelte, glaubte ich, der Mann müßte mich jeden Augenblick unterbrechen, und die Frage an mich richten, ob etwas mit mir nicht ganz in Ordnung sei — doch nichts dergleichen geschah.

Als ich einige Zeit mit ihm gesprochen hatte, merkte ich, daß er eine entschlossenere Haltung annahm und sein Blick schärfer und aufmerksamer wurde; aber ich wurde nicht unterbrochen, mit Ausnahme, wenn der Kunde Fragen stellte. Wurde ich hinausgeworfen? Nein, ich schloß ein Geschäft ab. Der Kunde, ein Getreidehändler im Börsengebäude von Philadelphia, wurde bald einer meiner besten Freunde und empfahl mich überall.

Von diesem Tag an begann ich zu verkaufen. Die Kraft der Begeisterung arbeitete für mich im Geschäftsleben wie beim Baseball.

Ich möchte nicht den Eindruck erwecken, als ob Begeisterung nur darin bestünde, daß man die Fäuste ballt; doch wenn diese äußerliche Geste dazu dienen kann, uns innerlich zusammenzureißen, dann möge sie ruhig angewandt werden. Eines ist sicher. Wenn ich mich dazu zwinge, begeistert zu *handeln*, dann ändert dies bald auch meine *innere* Einstellung und ich *fühle* mich auch begeistert.

Während der 32 Jahre, die ich als Verkäufer tätig war, habe ich gesehen, wie Dutzende von Verkäufern ihr Einkommen verdoppelten und verdreifachten, nur weil sie Begeisterung in ihre Arbeit legten; und ich sah hunderte ihrer Kollegen, die keinen Erfolg hatten, weil ihnen jede Begeisterung fehlte.

Ich bin fest davon überzeugt, daß Begeisterung bei weitem der wichtigste Faktor beim Verkauf ist. Ich kenne zum Beispiel einen Mann, der in Versicherungsfragen als Experte gilt; ja, er könnte ohne weiteres ein Buch über dieses Thema schreiben. Trotzdem gelingt es ihm nicht, mit seinen Kenntnissen ein anständiges Einkommen zu erlangen. Warum? Nur weil ihm die Begeisterung für seine Arbeit fehlt.

Ich kannte einen anderen Verkäufer, der nicht den zehnten Teil der Kenntnisse seines Kollegen hatte und doch als Versicherungsagent ein reicher Mann wurde, so daß er sich nach zwanzig Jahren ins Privatleben zurückziehen konnte. Sein Name ist Stanley Gettis. Der Grund für seinen beachtlichen Erfolg lag nicht in seinen beruflichen Kenntnissen, sondern in der Begeisterung für seine Arbeit.

Kann Begeisterung und Aktivität erlernt werden — oder muß man damit geboren werden? Ich bin fest davon überzeugt, daß man sich diese Eigenschaften aneignen kann! Stanley Gettis konnte es jedenfalls. Er wandelte sich zu einem wahren menschlichen Dynamo. Auf welchem Wege? Einzig und allein, weil er sich jeden Tag dazu zwang, begeistert zu *handeln*. Zum Bestandteil seines Planes gehörte ein Gedicht. Stanley sprach es sich fast jeden Morgen vor, denn es half ihm immer wieder, neue Begeisterung zu wecken. Ich halte dieses Gedicht für so wertvoll, daß ich es auf Karten drucken ließ und hunderte davon unter meinen Freunden verteilte. Es wurde von Herbert Kauffmann geschrieben und trägten den guten Titel

SIEG

Wie oft schon hörte ich dich sagen,
Du würdest große Dinge wagen. —

Wann, glaubst du, kommt der große Tag,
Da endet alle Müh' und Plag,
Da du zu großen Taten schreitest
Und da du selbst dein Schicksal leitest?

Und wieder ging ein Jahr vorbei,
Doch nie warst du, mein Freund, dabei,
Wenn's galt, nun endlich zuzugreifen,
Damit auch deine Früchte reifen!

Woran es liegt? Erklär es nur!
Du hattest Pech? Ach, keine Spur!

Wie immer, einzig und allein
Lag's nur an dir, an dir allein.
Schau nur auf deine Hände bloß —
Sie liegen schlaff in deinem Schoß,
Statt endlich, endlich doch zu handeln
Und alles in dir umzuwandeln!   (Frei übersetzt von E. S.)

Warum nicht dieses Gedicht auswendig lernen und es täglich nachsprechen? Vielleicht hilft es Ihnen soviel, wie es Stanley Gettis geholfen hat.

Einst las ich einen Ausspruch von Walter P. Chrysler, der mich so faszinierte, daß ich ihn aufschrieb und ständig in meiner Tasche trug. Sicher habe ich ihn über vierzigmal gelesen, bis ich ihn auswendig konnte. Jeder Verkäufer sollte ihn kennen. Walter Chrysler wurde gefragt, wo das Geheimnis des Erfolges beim Verkauf liege. Neben anderen Fähigkeiten, wie Berufskenntnissen und Energie, bezeichnete er vor allem die Begeisterung für die Arbeit als die allerwichtigste Voraussetzung. «Noch mehr als Begeisterung», sagte Chrysler, «Enthusiasmus ist es, der zum Erfolg führt. Ich schätze Männer, die sich begeistern können; damit reißen sie den Kunden mit, begeistern ihn auch — und gewinnen ihn.»

Begeisterungsfähigkeit ist die bestbezahlte Eigenschaft der Welt, denn sie gehört zu den seltensten und sie hat zudem den Vorteil, daß sie ansteckend wirkt. Wenn du selbst begeistert bist, wird sich deine Einstellung auf den Kunden übertragen — selbst wenn du nur schwache Argumente vorbringen kannst. Ohne innere Begeisterung wirkt jedoch jedes Verkaufsgespräch so tot wie ein vorjähriger Weihnachtsbraten.

Begeisterung ist keineswegs nur eine Äußerlichkeit. Wenn man sich daran gewöhnt hat, wirkt sie gleichsam von innen heraus. Begeisterung allein wird dir helfen, jede Lebensangst zu überwinden, erfolgreichere Geschäfte zu machen, mehr Geld zu verdienen, kurzum, ein gesünderes, reicheres und glücklicheres Leben zu führen.

Wann willst du damit beginnen?

Jetzt! Gerade jetzt! Sage dir eindringlich: «Das ist etwas, das ich kann!»

Und *wie* kannst du beginnen? Hier ist das Rezept: *Um begeistert zu werden, muß man begeistert* h a n d e l n!

Setze dieses Rezept während 30 Tagen in die *Tat* um, und du kannst dich auf erstaunliche Resultate gefaßt machen. Es ist leicht möglich, daß dadurch dein ganzes Leben von Grund auf revolutioniert wird.

Stehe jeden Morgen energisch auf die Beine und sage dir, indem du die Worte mit energischen Gesten begleitest:

«Handle begeistert,
und du wirst begeistert werden!»

Ich empfehle dem Leser eindringlich, dieses Kapitel von Frank Bettger mehrmals zu lesen und den festen, ernsten Entschluß zu fassen, den Enthusiasmus, den Sie bisher in Ihr Leben und in Ihre Arbeit gelegt haben, zu verdoppeln. Wenn dieser Entschluß durchgeführt wird, kann er Ihr Einkommen und Ihr Lebensglück verdoppeln.

Dale Carnegie.

Was mich zur Verkaufstätigkeit zurückführte,
nachdem ich bereits meine Stelle aufgegeben hatte

Wenn ich zurückblicke, dann bin ich immer wieder überrascht, welche Kleinigkeiten den Kurs meines Lebens änderten. Wie ich bereits erzählt habe, kam ich nach zehn hoffnungslosen Monaten, während denen ich versucht hatte, Lebensversicherungen zu verkaufen, zu dem Entschluß, jede Verkaufstätigkeit überhaupt aufzugeben. Ich resignierte und verbrachte mehrere Tage damit, Offerten auf Stellenangebote zu schreiben. Ich suchte eine Stelle als Angestellter einer Schiffahrtsgesellschaft, denn als Knabe hatte ich einmal für eine solche Gesellschaft gearbeitet, hatte Nägel in Verschläge geschlagen und sie verladefertig gemacht. Mit meiner geringen Schulbildung hoffte ich, für eine solche Arbeit gerade noch zu taugen, doch meine Versuche zeigten mir, daß ich nicht einmal eine solche Stelle erhielt. Ich war nicht nur entmutigt, sondern geriet in eine gefährliche Stimmung der vollkommenen Hoffnungslosigkeit. Schon sah ich mich wieder auf dem Velo durch die Straßen fahren und Abzahlungsraten einkassieren. Ja, meine höchsten Hoffnungen zielten darauf hin, wieder meine alte Arbeit zu 18 Dollar die Woche zu erhalten.

Auf dem Büro der Versicherung hatte ich eine Füllfeder, ein Taschenmesser und einige andere persönliche Kleinigkeiten liegen lassen, und ich beschloß eines Morgens, diese Sachen noch abzuholen. Ich hatte im Sinn, nur einige Minuten zu verweilen, doch gerade als ich mein Pult ausräumte, betrat der Leiter der Gesellschaft zusammen mit allen Vertretern den Raum, um eine Besprechung abzuhalten.

Es war mir nicht mehr möglich, den Raum zu verlassen, ohne zu stören, und so blieb ich sitzen und hörte mir die Erklärungen der einzelnen Vertreter an. Je mehr sie sprachen, um so mehr verlor ich jeden Mut. Sie unterhielten sich über Dinge, die mir bekannt waren und die auch mir nicht unmöglich sein sollten. Dann aber sagte der Verkaufsleiter, Mr. Talbot, einen Satz, der einen grundlegenden Einfluß auf meine Laufbahn ausübte. Er lautet:

«Meine Herren, die ganze Verkaufsarbeit besteht im Grunde genommen aus einem einzigen Punkt: Kunden zu besuchen! Zeigen Sie mir einen einzigen Vertreter, der pflichtbewußt jeden Tag seine fünf Kunden besucht, ihnen seine Geschichte erzählt — und ich will Ihnen einen Mann zeigen, der nicht darum herumkommt, Erfolg zu haben!»

Dieser Ausspruch gab mir einen inneren Schock, denn zu Mr. Talbot hatte ich immer großes Vertrauen gehabt. Dieser Mann hatte mit elf Jahren angefangen, für die Gesellschaft zu arbeiten; er hatte sämtliche Abteilungen durchlaufen, und er war mehrere Jahre selbst als Vertreter tätig gewesen. Er wußte, was er sagte. Seine Worte bedeuteten mir plötzlich soviel, wie die Sonne nach einem regnerischen Tag, und ich beschloß, ihn sofort beim Wort zu nehmen.

Ich sagte zu mir: «Frank Bettger, du hast zwei gesunde Beine. Du *kannst* am Tag deine Geschichte ernsthaft vier oder fünf

Kunden erzählen, und du *mußt* Erfolg haben — Mr. Talbot sagte es!»

Plötzlich fühlte ich mich besser. Ich hatte ein Ziel — ich würde Erfolg haben!

Dieser Vorfall spielte sich zehn Wochen vor Jahresende ab. Ich beschloß, über meine Kundenbesuche während dieser Zeit genau Buch zu führen und auf alle Fälle mindestens vier Kunden im Tag zu besuchen. Bei dieser Arbeit entdeckte ich, daß es mir oft möglich war, viel mehr Besuche zu machen; aber gleichzeitig fand ich heraus, daß es nicht leicht war, während vier Wochen einen Durchschnitt von 4 Kunden pro Tag zu halten. Erst jetzt entdeckte ich, wie wenig Kunden ich bisher besucht hatte.

Während dieser zehn Wochen verkaufte ich für 51 000 Dollar Lebensversicherungen — mehr als ich in den vorausgegangenen zehn Monaten erreicht hatte! Es war nicht viel, aber ich hatte den Beweis in den Händen, daß Mr. Talbot wußte, was er sagte. Ich *konnte* verkaufen!

Von diesem Augenblick an merkte ich, daß meine Zeit Geld wert war. Ich faßte den Entschluß, in Zukunft so wenig wie möglich davon zu vergeuden. Hingegen glaubte ich, es sei nicht mehr nötig, Besuchsstatistiken aufzustellen.

Und von diesem Tag an — aus irgendeinem Grund — fielen meine Verkäufe wieder aus. Ich war wieder der gleiche Versager wie vorher. An einem Samstagnachmittag begab ich mich ins Büro, schloß mich in einen kleinen Konferenzraum ein, und während drei Stunden versuchte ich, mit mir selbst ins Reine zu kommen: «Was ist los mit dir? Woran liegt es?» so fragte ich mich.

Es blieb nur *ein Grund;* ich mußte zugeben: Ich besuchte zu wenig Kunden.

«Wie zwinge ich mich dazu, mehr Kunden zu besuchen?» fragte ich mich. «Grund genug habe ich dazu, denn ich brauche meinen Verdienst dringend — und ich bin kein Faulpelz.» Schließlich entschloß ich mich, neuerdings Besuchskontrollen zu führen.

Ein Jahr später stand ich stolz vor den anderen Vertretern der Gesellschaft und erzählte meine Geschichte. Ganz im stillen hatte ich während zwölf Monaten genau über meine Besuche Buch geführt. Ich hatte 1849 Kunden besucht. Mit 828 davon war ich ins Gespräch gekommen, ich hatte 65 Verkäufe abgeschlossen und meine Provision war auf 4251.82 Dollar gestiegen.

Wieviel war jeder Besuch wert? Ich rechnete es aus: Jeder Besuch hatte mir 2.30 Dollar eingebracht! Ein Jahr zuvor war ich so niedergeschlagen gewesen, daß ich aufgeben wollte. Und nun hatte mir jeder Besuch, ganz gleichgültig, ob ich den Kunden getroffen hatte oder nicht, 2.30 Dollar eingebracht!

Ich kann nie beschreiben, wieviel Mut und Selbstvertrauen mir dies gab.

Später werde ich schildern, wie mir die Kontrolle meiner Besuche geholfen hat, mein Einkommen pro Besuch von 2.30 Dollar auf 19 Dollar zu steigern, und wie es mir während Jahren gelang, meine Verkaufsabschlüsse im Verhältnis zu den Kundenbesuchen zu steigern. Zuerst kamen auf 29 Besuche 1 Verkauf, später stand das Verhältnis 1 : 25, dann 1 : 20, 1 : 10 und schließlich kam auf 3 Besuche ein abgeschlossenes Geschäft.

Dazu einige Erklärungen: Meine Statistik zeigte mir, daß 70 Prozent meiner Verkäufe schon beim ersten Gespräch mit dem Kunden zustande kamen; 23 Prozent kamen beim zweiten Besuch zum Abschluß und 7 Prozent beim dritten und mehreren Besuchen. *Aber:* 50 Prozent meiner Zeit verbrauchte ich für diese 7 Prozent! «Warum soll ich mich mit diesen 7 Prozent herumschlagen?» dachte ich. «Warum soll ich nicht meine *ganze* Zeit auf die ersten und zweiten Besuche verlegen?» Diese Erkenntnis allein ließ den Ertrag pro Besuch von 2.80 Dollar auf 4.27 Dollar ansteigen.

Ohne eine genaue Statistik tappt ein Verkäufer völlig im Dunkeln, und es wird ihm nie gelingen, herauszufinden, was er falsch macht. Das, was ich aus meiner Statistik herauslese, ist viel unterhaltsamer und spannender als alles, was ich je in einem Magazin gefunden habe. Einer der besten Verkäufer der Welt, Clay W. Hamlin, erinnerte mich immer wieder daran, daß er als Verkäufer dreimal versagt hatte, bevor er anfing, genaue Statistiken zu führen.

«Du triffst ihn nicht, wenn du nicht darnach schlägst!» Dieser Grundsatz traf also nicht nur beim Baseball zu, sondern auch beim Verkauf! Bei den Cardinals lernte ich Steve Evans kennen. Er war ein großer und außerordentlich starker Bursche von der Klasse eines Babe Ruth, und er konnte einen Ball fast so hart schlagen wie Babe, aber Steve litt an einer schlechten Gewohnheit: er wartete immer zu lange. Bevor er zurückschlug, wurden 2 Bälle auf ihn abgegeben. Ich erinnere mich an ein Spiel in St. Louis. Steve war an der Reihe, und irgendein Schlag hätte das Spiel zu unseren Gunsten entschieden. Steve nahm seinen bevorzugten Schläger und machte sich bereit. Die Zuschauer schrien: «Los, Steve, schlag diesen ersten Ball!»

Steve nahm Stellung — der Ball kam — doch der Schläger auf Evans Schulter rührte sich nicht.

«Erster Schlag!» rief der Schiedsrichter.

«Los, Steve, nimm den zweiten!» riefen die Mitspieler und die Zuschauer. Steve machte sich bereit, den zweiten Ball zu schlagen, doch wieder wartete er zu lange.

«Zweiter Schlag!» tönte es vom Schiedsrichter.

«Evans!» schrie Roger Bresnahan, unser Trainer, «auf was, zum Teufel, wartest du?»

«Auf den Ersten und Fünfzehnten!» rief Steve erbost zurück. (Der 1. und 15. des Monats = Zahltag.)

Immer, wenn ich Verkäufer sehe, die während der besten Besuchszeit im Büro herumsitzen und mit ihren Kundenkarten Patience spielen, sehe ich im Geiste Steve Evans vor mir, seinen Schläger auf der Schulter, die Bälle durchlassend — und ich höre Bresnahan rufen: «Evans, auf was, zum Teufel, wartest du?»

Verkaufen ist der leichteste Beruf in der Welt, wenn man hart arbeitet — aber es ist der schwerste und härteste Beruf, wenn man sich einbildet, ihn auf leichte Art und Weise ausüben zu können.

Ein guter Arzt behandelt nicht die Symptome, sondern die Ursache der Krankheit. Genau so wollen wir es auch halten. Die Grundlagen des Verkaufsgeschäftes sind:

Du erhältst keine Provision ohne einen abgeschlossenen Verkauf;

du kannst keinen Verkauf abschließen ohne den Bestellschein auszufüllen;

du kannst keinen Bestellschein ausfüllen, wenn du nicht mit dem Kunden ins Gespräch kommst;

du kommst nicht mit einem Kunden ins Gespräch, den du nicht aufsuchst!

Hier liegt das ganze Geheimnis des Verkaufs: Kunden besuchen und nochmals Kunden *besuchen!*

Was mir half, meinen größten Feind zu besiegen

Während des ersten Jahres war mein Einkommen so niedrig, daß ich als Nebenverdienst eine Trainerstelle beim Swarthmore College Baseballteam annahm.

Eines Tages erhielt ich von einer Jugendvereinigung in Chester eine Einladung zu einem Vortrag über die drei großen «S»: sauberes Leben, sauberer Charakter und sauberer Sport.

Es war mir klar, daß ich diese Einladung ausschlagen mußte. Ich hatte schon genug Hemmungen, zu einer einzelnen Person zu sprechen; wie sollte ich erst vor hunderten sprechen können! Da wurde mir endlich klar, daß ich auf keinem Gebiet je Erfolg haben würde, bevor ich nicht meine Hemmungen, das Wort an unbekannte Menschen zu richten, überwunden hätte.

Am nächsten Tag suchte ich den Direktor der Vereinigung, die mich eingeladen hatte, auf und erklärte ihm, aus welchen Gründen ich das gewünschte Referat nicht halten könne. Gleichzeitig fragte ich ihn, ob im Rahmen des Vereins irgendein Kurs abgehalten würde, der mir helfen könnte. Der Direktor lächelte und sagte: «Wir haben gerade das, was Sie brauchen!»

Wir gingen zusammen durch einen langen Gang des Vereinshauses und betraten einen Raum, wo sich eine Gruppe von

Männern befand. Einer von ihnen hatte soeben seine Rede beendet, und ein anderer erhob sich, um den Vorredner zu kritisieren. Ich setzte mich mit dem Direktor in den Hintergrund des Raumes, um zuzuhören, und er flüsterte mir ins Ohr: «Das ist ein Kurs, in dem Sie Ihre Redehemmungen verlieren werden.»

Noch nie hatte ich etwas von solchen Kursen gehört.

Ein anderer Teilnehmer stand auf, um eine Ansprache zu halten. Sie war schlechter als schlecht, so miserabel, daß sie mir jeden Mut nahm. Ich sagte mir: «Unbeholfen und schwerfällig wie ich bin, könnte ich es nicht viel besser machen.»

Da stand der Mann, der den ersten Sprecher kritisiert hatte, auf und kam auf uns zu. Der Direktor stellte uns vor: es war DALE CARNEGIE.

Ich erklärte ihm, daß ich gerne dem Kurs beitreten möchte; doch Dale Carnegie sagte: «Der Kurs läuft bereits, und wir haben schon die Hälfte hinter uns. Es wäre besser, wenn Sie warten würden — im Januar beginnt wieder ein neuer Kurs.» «Nein», sagte ich, «am liebsten würde ich gleich jetzt eintreten.»

«All right», lachte Mr. Carnegie, nahm meinen Arm und sagte: «Der nächste Redner sind Sie!»

Sofort verlor ich jeden Mut, ich begann zu zittern vor Aufregung; aber irgendwie gelang es mir doch, den Zuhörern zu erzählen, *warum* ich ihren Kurs besuchen wollte. Meine Ansprache war furchtbar schlecht und stotternd, und doch bedeutete sie für mich einen gewaltigen Fortschritt. Vorher wäre es mir nicht einmal möglich gewesen, vor eine Gruppe von Menschen zu treten und zu sagen: «Wie geht es Ihnen?»

Das alles passierte dreißig Jahre bevor ich dieses Buch schrieb; aber jener Abend wird stets in meinem Gedächtnis haften als eines der wichtigsten Ereignisse meines Lebens. Ich versuchte, meine erworbenen Kenntnisse überall anzuwenden und besuchte die Kurszusammenkünfte regelmäßig.

Zwei Monate später ging ich nach Chester und hielt meinen Vortrag. Bereits hatte ich herausgefunden, daß es ganz leicht war, über seine eigenen Erlebnisse zu sprechen. Und so erzählte ich den Zuhörern über meine Erfahrungen im Baseball und wie es mir gelang, in die starken Clubs vorzudringen. Ich war selbst überrascht, daß ich es fertigbrachte, über eine halbe Stunde zu sprechen, und noch mehr wunderte es mich, als nachher mehr als zwanzig Zuhörer kamen, um mir die Hand zu schütteln und mir zu sagen, wie sehr sie meine Erfahrungen interessiert hätten.

Das war einer der größten Erfolge meines Lebens. Er gab mir mehr Selbstvertrauen als irgend etwas zuvor. Alles erschien mir wie ein Wunder — und es *war* auch ein Wunder. Zwei Monate früher hatte ich noch Angst gehabt, irgendein Gespräch zu eröffnen, und nun stand ich plötzlich vor hundert Personen, und es war mir gelungen, ihre Aufmerksamkeit zu erregen und sie gut zu unterhalten. Ich verließ den Raum als ein anderer Mensch.

Während dieser halbstündigen Rede lernte ich mich besser kennen, als wenn ich monatelang als stiller Zuhörer alle Kurse der Welt besucht hätte.

Zu meiner Überraschung begleitete mich der Abgeordnete J. Borton Weeks, der die Versammlung geleitet hatte, zum Bahnhof. Als ich den Zug bestieg, schüttelte er mir freundschaftlich die Hand und dankte mir nochmals für mein Referat. Gleichzeitig lud er mich ein, «bei nächster Gelegenheit» wieder nach Chester zu kommen, «einige meiner Kollegen und ich haben darüber gesprochen, eine Lebensversicherung abzuschließen.»

Es dürfte verständlich sein, daß ich «die nächste Gelegenheit» sehr schnell fand und ergriff.

Einige Jahre später wurde J. Borton Weeks Präsident des Keystone Automobil-Clubs, der zu den größten der Welt gehört. Borton Weeks wurde einer meiner besten persönlichen Freunde *und* außerdem eine meiner besten Beziehungen im Geschäftsleben.

So einträglich und nützlich diese Freundschaft auch war, so war sie doch unbedeutend im Vergleich zum Selbstvertrauen, das ich aus dem Besuch des Kurses zog. Mein Gesichtskreis erweiterte sich, mein Lebensmut steigerte sich, ich lernte, meine Ideen gegenüber anderen Menschen besser und überzeugender darzulegen, ich lernte den größten Feind, der mir je zu schaffen gemacht hatte, zu überwinden: die *Angst*.

Jede Frau und jeder Mann, die unter Lebensangst und unter mangelndem Selbstvertrauen leiden, sollten einen solchen Kurs besuchen. Wenn kein guter Kurs gefunden werden kann, dann befolgt man am besten das Rezept Ben Franklins. Ben erkannte den gewaltigen Wert solcher Redekurse, und er gründete kurzerhand seinen «Junto» an seinem eigenen Wohnort. Jede Woche sollte eine Zusammenkunft stattfinden, und jede Woche oder jeden Monat muß der Vorsitzende gewechselt werden. Wenn

34

sich kein guter Dozent finden läßt, dann soll jeder Teilnehmer den anderen kritisieren — genau so, wie es Ben Franklin vor 200 Jahren in seiner «Junto» machte.

Es fiel mir auf, daß diejenigen Kursteilnehmer am meisten Fortschritte machten und den größten Nutzen aus dem Kurs zogen, die ihre Kenntnisse sofort irgendwo praktisch anwandten. Als ich meine erste Rede hielt, starb ich fast vor Lampenfieber, aber ich machte meine Sache nicht schlecht. Ich übernahm sogar eine Sonntagsschule von acht Jungens. Später übernahm ich die Oberaufsicht über die Sonntagsschule, ein Amt, das ich während neun Jahren beibehielt. Das Ergebnis dieses Trainings und die Erfahrungen, die ich hier sammelte, griffen über auf mein Privatleben und auf alle Gespräche, die ich mit anderen Menschen führen mußte. Selten habe ich so schnell und so viel gelernt!

Alle Männer, die Erfolg hatten und leitende Positionen einnahmen, verfügten über Mut und Selbstvertrauen, und die meisten von ihnen sind fähig, sich überzeugend auszudrücken. Das Sprechen vor einer Gruppe von Menschen ist das allerbeste Mittel gegen Hemmungen und zur Steigerung des Selbstvertrauens. Ich entdeckte, daß im gleichen Augenblick, da ich meine Angst überwunden hatte, vor einer größeren Zuhörerschaft zu sprechen, auch gleichzeitig meine Hemmungen verschwanden, an Einzelpersonen das Wort zu richten, auch wenn es noch so wichtige und hochgestellte Persönlichkeiten waren. Endlich war mir ein Licht aufgegangen, ich hatte meine Eierschalen durchstoßen, mein Blick hatte sich geweitet, und ich erkannte meine Fähigkeiten.

Ich hatte einen entscheidenden Wendepunkt in meiner Laufbahn erreicht und erfolgreich bestanden.

Wie ich lernte, mich selbst zu organisieren

Sehr bald nachdem ich angefangen hatte, Statistiken zu führen, merkte ich, daß ich ein miserabler Organisator war. Ich hatte mir vorgenommen, im Jahr zweitausend Kunden zu besuchen, d. h. vierzig in der Woche. Aber bald war ich dermaßen im Rückstand, daß ich mich schämte, meine Statistik nachzuführen. Meine Absichten waren gut; ich fuhr fort, Entschlüsse und Vorsätze zu fassen, doch ich kam damit nicht weiter. Es gelang mir einfach nicht, mich selbst zu organisieren.

Schließlich fand ich heraus, daß ich der Planung meiner Arbeit *mehr* Aufmerksamkeit und Zeit widmen mußte. Es war keine Kunst, vierzig oder fünfzig Kundenkarten zusammenzustellen, und sich der Hoffnung hinzugeben, nun sei die Sache organisiert. Das kostete nicht viel Zeit; hingegen benötigte ich geschlagene fünf Stunden für das genaue Studium meiner Statistik, für die Überprüfung jedes einzelnen Kundenbesuches, für die Überlegung, *was* ich jedem Kunden sagen und die Vorschläge, die ich ihm unterbreiten wollte; kurz, die genaue Vorbereitung eines Planes, worin vom Montag bis zum Freitag für jeden einzelnen Tag die Kundenbesuche genau im voraus festgelegt waren. Und diese fünf Stunden waren ausgefüllt mit aufmerksamster und intensivster Denkarbeit.

So kam ich dazu, den Samstagvormittag als «Organisationstag» zu bezeichnen und ihn ganz in den Dienst meiner Arbeitsplanung zu stellen. Und der Erfolg? Bisher hatte ich mich am Montag früh immer zwingen müssen, mit den Kundenbesuchen zu beginnen. *Jetzt* besuchte ich meine Leute mit Mut, Selbstvertrauen und in glänzender Laune. Ich brannte direkt darauf, meinen Kunden zu begegnen, denn ich hatte mich genau in ihre Situation eingelebt, ich hatte Ideen in der Tasche, die ihnen nicht gleichgültig sein konnten. Am Ende der Woche war ich nicht müde und abgespannt, sondern vom Willen beseelt, es die kommende Woche noch besser zu machen.

Nach einigen Jahren gelang es mir, meinen «Organisationstag» auf den Freitagmorgen vorzuschieben, dann Schluß zu machen, auszuspannen und das Geschäft bis am kommenden Montag vollkommen zu vergessen. Es ist erstaunlich, wieviel man erreicht, wenn man seine Arbeit organisiert und plant, und wie wenig herausschaut, wenn man es nicht tut.

Darstellung einer Monatsstatistik-Karte

Woche vom .... bis ....

Statistik der Besuche, Besprechungen und Resultate

	Besuche	Besprechung	Abschluß	Zahlung	Prämie	Provision
Montag						
Dienstag						
Mittwoch						
Donnerstag						
Freitag						
Samstag						
Total der Woche						
Übertrag						
Monatstotal bis heute						

Der Wochenplan, der mir half, meine Zeit einzuteilen

	Montag	Dienstag	Mittwoch	Donnerstag	Freitag	Samstag
Morgen						
Mittag-Essen						
Nachmittag						
Abend						

In die Felder werden die Namen aller, die besucht werden, eingetragen. Für Schweizer Verhältnisse empfiehlt sich die Benützung des sehr praktischen zweisprachigen Tagesplan-Kalenders. Er ist nicht nur ein gewöhnliches Notizbuch, sondern ein Werkzeug zum persönlichen erfolgreichen Arbeiten. Außer einem ausreichenden Adressenregister nimmt der Kalender einen Monatsplan und zwölf einzelne, auswechselbare Monatshefte auf, so daß für jeden Tag eine ganze Seite zur Verfügung steht. Auf jeder Tagesseite sind die an diesem Tag in der Schweiz stattfindenden Märkte angegeben. Tausende schätzen diesen Helfer bei der täglichen Arbeit. (Der Übersetzer.)

Ich ziehe es vor, nach einem genauen Plan viereinhalb Tage in der Woche angestrengt zu arbeiten, und damit auf einen grünen Zweig zu kommen, als die ganze Woche zu arbeiten — und nichts zu erreichen.

Henry L. Doherty, der große Industrielle, sagte: «Ich kann Leute anstellen, die alles können, mit Ausnahme von zwei Dingen: *denken* und die Arbeit in der Reihenfolge ihrer Bedeutung erledigen.»

Genau das war auch meine Sorge. Nachdem ich mich aber so viele Jahre damit herumgeschlagen habe, glaube ich, daß es nur ein einziges Rezept gibt, um zum Ziele zu gelangen: *Nimm Dir genug Zeit, um nachzudenken und zu planen.*

Und schon höre ich Sie sagen: «Das ist nichts für mich — ich kann nicht nach einer Schablone arbeiten. Das würde mich unglücklich machen!» Dazu aber habe ich Ihnen eine gute Nachricht: Sie leben bereits nach einer Schablone! Und wenn sie nicht geplant ist, dann ist es eben eine ungeplante und verworrene! Ein Beispiel: Vor mehreren Jahren besuchte mich ein junger Mann und bat mich um Rat. Er hatte eine der ältesten und besten Handelsschulen mit Auszeichnung abgeschlossen und angefangen, als Verkäufer zu arbeiten. Nach zwei Jahren war er enttäuscht und enmutigt. «Mr. Bettger», sagte er, «sagen Sie mir bitte offen, ob ich als Verkäufer überhaupt nichts wert bin?»

«Nein», gab ich zur Antwort, «das glaube ich nicht!» Trotz seines ungläubigen Gesichts fuhr ich fort: «Ich glaube nicht, daß jemand überhaupt keine Fähigkeit hat, Verkäufer oder irgend etwas anderes zu sein. Alles hängt davon ab, ob wir wirklich in unserer Arbeit Erfolg haben *wollen.*» «Das verstehe ich nicht», sagte Ed. «Ich arbeite fleißig und habe keine freie Minute. Ich finde kaum Zeit, mir einmal eine Krawatte zu kaufen. Wenn ich es nur fertig brächte, meine Arbeit zu organisieren!»

Zufällig wußte ich, daß der junge Mann ein Spätaufsteher war. «Ed», sagte ich, «warum trittst du nicht dem Sechs-Uhr-Club bei?»

«Was ist das?» fragte er erstaunt.

«Nur wenige Leute werden alt, die spät aufstehen; und noch weniger sind es, die Erfolg haben im Leben, wenn sie nicht zu den Frühaufstehern gehören.» An diesen Ausspruch Benjamin Franklins erinnerte ich Ed und erzählte ihm, wie ich meinen Wecker um anderthalb Stunden früher eingestellt hatte, und wie ich eine volle Stunde dazu verwandte, um zu lesen und meine Arbeit vorzubereiten. Dadurch ging ich zwar sehr bald früher zu Bett, aber ich gedieh prächtig dabei — in jeder Beziehung.

Ed entschloß sich am selben Tag, einen Wecker zu kaufen und dem «Sechs-Uhr-Club» beizutreten. Den Samstagvormittag reservierte er als «Organisationstag» — und bald waren seine Sorgen vergessen. Ed wurde ein erfolgreicher Verkäufer; vier Jahre später war er Vizedirektor einer der größten Industriegesellschaften.

Vor kurzem traf ich einen leitenden Direktor einer Gesellschaft, die in der ganzen Welt für ihre ausgezeichnete Verkaufsschulung bekannt ist. Ich fragte ihn, wie man über den «Wochenplan» denke.

Die Antwort lautete: «Mr. Bettger, unsere Vertreter bekommen von uns einige Formulare, deren Ausfüllung ein unabänderlicher Bestandteil unseres Erfolges ist. Das wichtigste Formular ist der ‚Wochenplan'. Jeder Verkäufer muß dieses Formular ausfüllen. Alle Kunden, die er in der kommenden Woche besuchen will, müssen mit Namen angeführt werden, und eine Kopie geht an uns, *bevor* die Woche angefangen hat.»

«Wenden Sie dieses System in allen 79 Ländern an, in denen Sie Vertretungen haben?» fragte ich.

«Ohne Unterschied.»

«Und was würde geschehen, wenn irgendein Vertreter diesen Wochenplan nicht ausfüllen würde?»

«Das würde nicht vorkommen — denn ein solcher Vertreter könnte nicht mit uns arbeiten.»

Das war eine klare Antwort.

Die meisten erfolgreichen Leute, die ich kenne, verstehen ihre Zeit einzuteilen. Ein Beispiel dafür: Lawrence Doolin, einer der wichtigsten Männer der Fidelity Mutual Life Versicherungs-Gesellschaft, erzählte mir das folgende Erlebnis. Larry telefonierte eines Tages mit dem Vertreter der Versicherung, Richard W. Campbell, und teilte ihm mit, daß er nächste Woche eine Geschäftsreise unternehme, um verschiedene Agenturen der Gesellschaft zu besuchen. «Am Montag bin ich in Harrisburg, und ich würde gerne den Dienstag mit Ihnen in Altona verbringen», sagte Larry.

Campbell antwortete. «Ich würde Sie sehr gerne treffen, doch leider ist es mir absolut unmöglich vor Freitagnachmittag.»

Am folgenden Freitag, als die beiden Männer miteinander den Lunch einnahmen, fragte Larry: «Wo waren Sie die ganze Woche, Mr. Campbell?»

«Hier in Altona», gab dieser zur Antwort.

Erstaunt fragte Larry: «Sie wollen doch nicht sagen, daß Sie auch am Dienstag hier in Altona waren?»

«Doch», sagte Campbell.

Mit etwas beleidigter Miene sagte Larry: «Können Sie sich vorstellen, was das für mich bedeutet? Ich mußte eigens von Cincinnati nach Altona zurückreisen. Heute Nacht muß ich wieder zurückfahren — und von dort nach Detroit.»

Campbell aber sagte: «Bevor Sie mit mir telefonierten, hatte ich am vergangenen Freitag fünf volle Stunden damit verbracht, meine Arbeit für die nächste Woche zu organisieren. Verschiedene Abmachungen mit Kunden waren bereits festgelegt. Wenn ich nun den Dienstag mit Ihnen hätte zubringen wollen, so wäre dadurch mein ganzer Arbeitsplan durcheinandergeworfen worden. Bitte, nehmen Sie mir meine Offenheit nicht übel, Mr. Doolin; selbst wenn mich der Präsident unserer Gesellschaft angerufen hätte, würde ich nicht anders gehandelt haben. Mein ganzer Erfolg in diesem Geschäft war und ist davon abhängig, daß ich niemals durch irgend etwas oder irgendwen meinen Arbeitsplan für die kommende Woche, den ich jeden Freitag sorgfältig vorbereite, durchkreuzen lasse.»

Larry, der mir diese Geschichte erzählte, bemerkte: «Zuerst erstaunte mich diese Einstellung, doch ich unterdrückte meinen Ärger und sah bald ein, daß darin das Geheimnis von Campbells erstaunlichen Verkaufserfolgen lag.»

Larry bestieg am Abend in glänzender Laune den Zug, und seither erzählt er allen Vertretern der Gesellschaft dieses Erlebnis mit Richard Campbell.

Im Sommer verbrachte ich längere Zeit auf der Eatons Dude Ranch, am Fuße der Big Horn-Berge. Hier traf ich Mary Roberts Rinehart, die mehr als fünfzig Romane geschrieben hat und zu den bestbezahlten Schriftstellerinnen der Vereinigten Staaten gehört. Ich fragte Frau Rinehart, wie sie dazugekommen sei, Bücher zu schreiben. Und hier sind ihre eigenen Worte:

«Ich hatte immer das Gefühl, daß ich schreiben könnte, wenn ich nur Zeit dazu fände. Da waren aber meine drei kleinen Söhne und mein Mann, die bemuttert werden wollten. Außerdem mußte ich noch meine Mutter pflegen, die während mehrerer Jahre krank und völlig hilflos war. Bei einem Börsenkrach verloren wir unser ganzes Vermögen, und die Schulden drückten uns immer mehr. Ich faßte den Entschluß, mit Schreiben Geld zu verdienen. Vorerst machte ich einen genauen Plan, um meine Zeit einzuteilen, und zwar so, daß ich jede Stunde der kommenden Woche im voraus festlegte. So gelang es mir, während der Stunden, da Dr. Rinehart Besuche machte, und am Abend, nachdem ich die Kinder zu Bett gebracht hatte, zu schreiben.»

Ich fragte Frau Rinehart, ob sich diese Arbeit nach einem festen Plan nicht ermüdend ausgewirkt habe. «Im Gegenteil», sagte sie, «mein ganzes Leben nahm eine andere Gestalt an.»

Mary Roberts Rinehart ahnte nicht, wie sehr ihre Worte mich beeindruckten. Als meine Ferien um waren, und ich meine Arbeit wieder aufnahm, gelang es mir besser als je, mich selber und meine Zeit zu organisieren.

Zufällig las ich ein Gedicht von Douglas Malloch. Ich schnitt es aus und legte es in mein Bestellbuch. Immer wieder las ich es durch, bis ich es auswendig konnte. Es hat mir viel geholfen. Vielleicht hilft es auch Ihnen. Es lautet:

Nun endlich weiß ich,
was mir fehlt,
was mich bedrückt
und was mich quält;
ich bin nicht faul,
ich bin nicht krank,
und fand doch nie
des Lebens Rank;
ich schaffe so
wie er und du,
und finde trotzdem
niemals Ruh;
wohin ich blick'
in Angst und Bangen
sind Dinge,
die ich angefangen
und immer wieder
denk ich dran:
Mir fehlt ein Plan,
mir fehlt ein Plan!

Nun weiß ich endlich,
was mir fehlt,
was mich bedrückt
und was mich quält;
ich mache dies,
ich mache das,
doch ohne Ziel
und ohne Maß;
wie manches wäre
schon getan,
hätt' ich nur endlich
einen Plan!

Zitiert mit Erlaubnis der Dichterin;
frei übersetzt von Ernst Steiger.

Zusammenfassung des 1. Teils

Taschen-Notizen

1. Handle begeistert und du wirst begeistert *werden* und neuen Lebensmut schöpfen. «Fasse den festen Entschluß, den Enthusiasmus, den du bisher in dein Leben und deine Arbeit gelegt hast, zu verdoppeln. Wenn dieser Entschluß durchgeführt wird, kann er auch dein Einkommen und dein Lebensglück verdoppeln.» — Wie beginnen? Es gibt nur ein Mittel: Um begeistert zu werden, muß man begeistert *handeln!*

2. Erinnere dich an den Ausspruch von Mr. Walter Lear Talbot: «Die ganze Verkaufsarbeit besteht im Grunde genommen aus einem einzigen Punkt: Kunden besuchen! Zeigen Sie mir einen einzigen Vertreter, der pflichtbewußt jeden Tag seine fünf Kunden besucht, ihnen seine Geschichte erzählt — und ich will Ihnen einen Mann zeigen, der nicht darum herum kommt, Erfolg zu haben!»

3. Wenn du deine Hemmungen, deine Lebensangst überwinden und dein Selbstvertrauen entwickeln willst, dann besuche einen Rede-Kurs, in dem du deine Hemmungen verlierst. Aber nicht irgendeinen Redekurs, sondern nur einen solchen, wo du bei *jeder* Zusammenkunft zum Sprechen kommst. Wenn du deine Angst überwunden hast, vor einer größeren Gruppe zu reden, dann wird auch deine Angst, das Wort an Einzelpersonen zu richten, selbst wenn sie noch so wichtig und hochgestellt sind, verschwunden sein.

4. Die größte Befriedigung liegt im festen Bewußtsein, die Dinge nach bestem Können erledigt zu haben. Wenn du Mühe hast, deine Arbeit zu organisieren, wenn du deine Denkfähigkeit steigern willst, wenn dir etwas daran liegt, alles der Reihe nach und seiner Bedeutung nach zu tun, dann erinnere dich daran, das nur *ein* Weg zum Ziele führt: Nimm dir *mehr* Zeit, die Dinge zu überlegen und zu planen. Reserviere einen «Organisations-Tag» oder setze irgendeine Zeit in jeder Woche fest, die du ausschließlich damit verbringst, deine Arbeit im voraus einzuteilen. Man kann sich von der Angst, mit seiner Arbeit nicht fertig zu werden und nicht genug Zeit zu haben, nicht durch vermehrte Arbeit befreien, sondern einzig und allein durch eine genaue Planung seiner Zeit.

2. TEIL

Grundregeln des Verkaufs-Erfolges

Wie ich das wichtigste Geheimnis
des Verkaufserfolges entdeckte

An einem heißen Augustmorgen betrat ich das Büro von John Scott & Co., einer Großfirma der Lebensmittelbranche. Ich fragte nach Mr. Scott. Harry, einer seiner Söhne, sagte: «Vater ist heute morgen sehr beschäftigt. Werden Sie erwartet?»

«Ich habe keine Abmachung mit ihm», sagte ich, «aber er verlangte von meiner Gesellschaft einige Auskünfte, und ich bin beauftragt, sie ihm zu erteilen.»

«Gut», sagte Harry, «aber da haben Sie den falschen Tag erwischt. Vater hat gerade jetzt drei Männer in seinem Büro, und —» in diesem Augenblick öffnete John Scott die Türe seines Büros.

«Papa!» rief sein Sohn, «hier ist jemand, der dich sprechen möchte!»

«Wollten Sie mich sprechen?» rief mir Scott zu, indem er an mir vorbeischritt und durch die Flügeltüre einen anderen Teil des Lagers betrat.

Ich folgte ihm. Scott blieb einen Moment stehen und wir hatten folgendes Gespräch:

Ich: Mr. Scott, meine Name ist Bettger. Sie verlangten von uns einige Angaben, und ich wurde beauftragt, sie Ihnen zu geben. (Gleichzeitig übergab ich ihm die von ihm selbst unterschriebene Karte, die er meiner Gesellschaft per Post zugestellt hatte.)

Scott: (die Karte betrachtend) Gut, junger Mann, aber ich will gar keine Informationen. Hingegen möchte ich die Agenda, die mir Ihre Gesellschaft versprochen hat! Ich erhielt mehrere Briefe von ihr, worin mir mitgeteilt wurde, man hätte eine Agenda mit meinem Namen versehen für mich bereit — und darum habe ich diese Karte eingesandt.

Ich: (ihm die Agenda überreichend) Mr. Scott, diese Agenden haben uns noch nie eine Lebensversicherung verkauft, aber sie geben uns Gelegenheit, mit den Kunden in Kontakt zu kommen und ihnen Vorschläge zu machen.

Scott: Das verstehe ich. Hingegen habe ich gerade jetzt drei Leute im Büro, und außerdem wäre es verlorene Zeit, mir Vorschläge zu machen. Ich bin 63 Jahre alt und habe schon vor Jahren aufgehört, neue Versicherungen abzuschließen. Die meisten meiner Policen sind bereits ausbezahlt; meine Kinder sind alle erwachsen und können sich allein durchbringen — viel besser als ich es könnte. Mit mir leben nur noch meine Frau und eine Tochter, und wenn mir etwas zustoßen sollte, so verfügen sie über mehr Geld als ihnen gut tut.

Ich: Ein Mann, der so erfolgreich im Leben war, wie Sie, Mr. Scott, hat sicher Interessen, die außerhalb seines Geschäftes und seiner Familie liegen. Vielleicht ein Spital, eine reiigiöse Gemeinschaft, die Mission oder andere wohltätige Institutionen. Haben Sie sich auch schon überlegt, was mit diesen Werken nach Ihrem Tode geschieht? Würde der plötzliche Ausfall Ihrer Unterstützung nicht das, was Sie aufgebaut haben, gefährden oder ganz verunmöglichen?

(Scott gab keine Antwort, aber am Ausdruck seines Gesichtes konnte ich sehen, daß ich an eine wunde Stelle gerührt hatte. Er wartete, um mich weiter anzuhören.)

Ich: Durch unseren Versicherungsplan könnten Sie das Fortbestehen dieser Institutionen absolut garantieren — ob Sie nun sterben oder weiterleben. Wenn Sie am Leben bleiben, erhalten Sie nach sieben Jahren eine Jahresrente von 5000 Dollar in monatlichen Zahlungen. Wenn Sie das Geld nicht brauchen, können Sie es verschenken, sollten Sie es aber doch benötigen, so wären Sie sicher sehr froh darum!

Scott: (auf die Uhr blickend) Wenn Sie ein wenig warten wollen, möchte ich Sie gerne noch einiges fragen in dieser Sache.

Ich: Mit Vergnügen!

(Nach ungefähr zwanzig Minuten wurde ich in Scotts Privatbüro gerufen.)

Scott: Wie war Ihr Name?

Ich: Bettger.

Scott: Mr. Bettger, Sie erwähnten wohltätige Institutionen. Gut, ich unterstütze drei ausländische Missionen, und ich spende jedes Jahr große Summen Geldes für Dinge, die mir wirklich am Herzen liegen. Und wie stellen Sie sich eine Garantie vor, damit diese Institutionen nach meinem Tode weiterbestehen können? Sie sagten, nach sieben Jahren würde ich eine Rente von 5000 Dollar erhalten. Und *was* würde mich das kosten?

(Als ich den Betrag nannte, blickte er mich erstaunt an.)

Scott: Ausgeschlossen! Das ist ganz unmöglich!

Ich fuhr fort, ihn über die drei Missionen auszufragen, und es schien ihm Vergnügen zu machen, davon zu erzählen. Ich fragte, ob er sie schon je selbst besucht hätte. Er hatte sie noch nie gesehen, aber einer seiner Söhne und dessen Frau waren mit der Mission in Nicaragua beauftragt, und Scott plante für den Herbst eine Reise dorthin. Er fuhr fort, mir allerlei Einzelheiten über die Missionsarbeit zu erzählen.

Ich hörte ihm mit großem Interesse zu. Dann fragte ich: Mr. Scott, wenn Sie nun nach Nicaragua fahren, wäre es nicht schön, wenn Sie Ihrem Sohn und seiner Familie mitteilen könnten, Sie hätten Vereinbarungen abgeschlossen, damit nach Ihrem Tode jeden Monat ein Check angewiesen würde, der das Fortbestehen der Mission sichert? Und würde es Ihnen nicht eine Genugtuung verschaffen, den anderen beiden Missionen die gleiche Nachricht brieflich zu übermitteln?»

Immer, wenn er Einwände machte und über den hohen Preis der Versicherung sprechen wollte, fuhr ich fort, weitere Fragen über die Mission, über ihre große und wichtige Bedeutung und die schöne Aufgabe, der er sich hier gewidmet hatte, zu stellen.

Schließlich schlossen wir die Versicherung ab. Am selben Tag deponierte Scott 8672 Dollar, um den Plan sofort zu verwirklichen. Ich verließ das Büro mehr schwebend als gehend. Ich steckte den Check in meine Seitentasche, doch zog ich die Hand nicht wieder heraus; aus lauter Angst, ich könnte ihn verlieren, hielt ich das Papier weiterhin zwischen den Fingern. Ich hatte einen Check von 8672 Dollar in der Tasche! Achttausendsechshundertzweiundsiebzig Dollar! Und vor zwei Jahren hatte ich noch Offerten geschrieben, um eine Stelle als Schiffsarbeiter zu erhalten. Dieses Geschäft kam mir vor wie ein großes Abenteuer. Als ich den Check im Hauptgeschäft abgab, erklärte man mir, in der Geschichte der Gesellschaft wäre dies das größte Geschäft, das jemals mit einer Privatperson abgeschlossen worden sei.

Es war mir nicht möglich, an jenem Abend eine Mahlzeit einzunehmen. Bis in die Morgenstunden blieb ich wach vor freudiger Erregung. Es war ein Datum, das ich nie vergessen werde. Ich gehörte zu den glücklichsten Leuten in ganz Philadelphia.

In unserer Gesellschaft war ich eine Sensation: ein kleiner, ungeschickter Vertreter, der nie eine höhere Schule besucht hatte, war über Nacht berühmt geworden. Einige Wochen später wurde ich eingeladen, die Geschichte dieses Verkaufs vor einer Versammlung des Nationalen Verbandes reisender Kaufleute in Boston zu erzählen.

Nachdem ich dies getan hatte, kam ein sehr bekannter Verkäufer, Clayton M. Hunsicker, der fast zweimal so alt wie ich war, auf mich zu, schüttelte mir die Hand und gratulierte mir zu diesem Geschäft. Dann sagte er mir etwas, das ich bald als das wichtigste Geheimnis im Umgang mit Menschen erkannte.

Er sagte: «Ich zweifle daran, daß Ihnen bewußt ist, *wie* Sie dieses Geschäft zum Abschluß gebracht haben.»

Ich fragte ihn, was er damit sagen wolle.

Und dann vernahm ich eine der wichtigsten Wahrheiten über den Verkauf überhaupt. Hunsicker sagte: «Das größte Geheimnis der Verkaufskunst liegt darin, herauszufinden, *was* der Kunde will, und dann muß man ihm den besten Weg zeigen, es zu erreichen. Als Sie das Gespräch mit Scott eröffneten, tappten Sie völlig im Dunkel. Zufällig fanden Sie heraus, was ihn beschäftigte, und was er wollte. Dann zeigten Sie ihm, wie er zum Ziel kommen könnte. Sie fuhren fort, darüber zu sprechen, Fragen zu stellen, und Sie zwangen ihn, bei der Sache zu bleiben, die ihm am Herzen lag. Wenn Sie sich immer an diese Regel erinnern, wird Ihnen die Verkaufstätigkeit leicht fallen.»

Wenn ich richtig über Mr. Hunsickers Worte nachdachte, mußte ich einsehen, daß er recht hatte. Tatsächlich war es mir nicht bewußt gewesen, *warum* mir dieses Geschäft gelungen war. Wenn Clayt Hunsicker es nicht analysiert und interpretiert hätte, so wäre ich wahrscheinlich noch jahrelang im Dunkeln herumgetappt. Und je länger ich über seine Worte nachdachte, um so klarer wurde mir, warum ich bei vielen Kunden auf eine so unüberwindliche Opposition gestoßen war. Ich hatte sie aufgesucht, hatte vom Versicherungsgeschäft gesprochen, ohne herauszufinden, was der Kunde wirklich wollte, was ihn interessierte und in welcher Situation er sich befand.

Diese neue Erkenntnis erfüllte mich dermaßen mit Begeisterung, daß ich es kaum erwarten konnte, nach Philadelphia zurückzukehren und die Methode praktisch auszuprobieren. All dies bewog mich, noch mehr über John Scotts Situation und seine Interessen nachzudenken. Ich fand heraus, daß er noch eine andere Sorge haben mußte: die Zukunft seines Geschäfts. Er hatte mir erzählt, wie er als siebzehnjähriger Junge von Irland nach Amerika gekommen war, wie er in einem kleinen Lebensmittelgeschäft eine Stelle gefunden, wie er dann ganz klein angefangen und sein Geschäft zur größten und besten Engrosfirma der Branche ausgebaut hatte. Es war ganz klar, daß ihm dieses Geschäft am Herzen liegen mußte, denn es war sein Lebenswerk. Es konnte kein Zweifel bestehen, daß ihm der Fortbestand des Geschäfts nach seinem Tode nicht gleichgültig war.

Einen Monat nach meiner Rückkehr aus Boston half ich John Scott bei der Ausarbeitung eines Planes, wodurch seine Söhne und acht Mitarbeiter in sein Geschäft aufgenommen werden sollten. Er entwickelte diesen Plan anläßlich eines Nachtessens im Manufacturers-Club in Philadelphia, zu dem er alle Beteiligten eingeladen hatte. Ich war der einzige außenstehende Eingeladene. Nach dem Essen erhob sich Mr. Scott und legte in einer kurzen, bewegten Ansprache seinen Plan dar. «Ich bin glücklich», sagte er, «daß ich heute über feste Pläne verfüge, die diejenigen Dinge, die mir am nächsten liegen, über meinen Tod hinaus sichern: mein Geschäft und die von mir gegründeten Missionen.»

Die Lebensversicherungen, die ich mit allen neuen Teilhabern, abgesehen von einer neuen Zusatzversicherung für Mr. Scott selbst, abschloß, brachten mir, zusammen mit dem neuen Geschäft, in *einem* Tag mehr ein, als ich vorher während eines ganzen Jahres verdient hatte.

An diesem Abend wurde mir erst ganz klar, welche große Wahrheit mir Clayt Hunsicker eröffnet hatte. Vorher sah ich im Verkaufsgeschäft lediglich einen Weg, mein Brot zu verdienen. Ich fürchtete mich, Kunden zu besuchen, aus Angst, ich könnte Mißerfolg haben. Doch jetzt war ich geladen mit Energie, und ich faßte den Entschluß, meine ganze Tätigkeit unter die folgende Devise zu stellen:
Herauszufinden, was der andere will —
und ihm helfen, es zu erreichen!

Ich kann schwer beschreiben, wieviel Mut und neue Begeisterung ich aus dieser Erkenntnis schöpfte. Ich hatte nicht eine neue «Verkaufstechnik» gefunden, sondern eine Lebensphilosophie.

Wie ich lernte, ins Schwarze zu treffen

Ich war erstaunt, wie gut das Meeting des Verbandes reisender Kaufleute in Boston besucht war. Es handelte sich ausschließlich um die bekanntesten Verkäufer Amerikas, und einige unter ihnen hatten eigens die lange Reise von Kalifornien, Texas oder Florida gemacht, um dem Meeting beizuwohnen.

Als ich meinen Freund Hunsicker darüber befragte, sagte er: «Diese guten Verkäufer sind alle hungrig nach neuen Ideen, um ihre Arbeit noch besser anpacken zu können als bisher. Darum rate ich dir, soviel Versammlungen von Vertreten zu besuchen wie nur immer möglich. Wenn man nur eine einzige brauchbare Idee mit nach Hause bringt, haben sich Geld und Reise gelohnt. Daneben aber lernt man immer Leute kennen, die wirklich großen Erfolg in ihrem Beruf haben; schon das allein bringt neue Anregungen und Ideen. Meistens geht man mit gestärktem Selbstvertrauen und neuem Mut nach Hause.»

Für meinen Besuch in Boston stimmte diese Ansicht auf alle Fälle. Mr. Hunsicker gehörte zu den ganz großen Verkäufern, und seine Erklärungen waren für mich unbezahlbar. Kein Wunder, hatte ich mein Ziel so oft verfehlt. Ja, ich kannte mein Ziel überhaupt nicht! Im Baseballspiel sagt man: «Du kannst sie nicht treffen, wenn du sie nicht siehst!» Nachdem mir Mr. Hunsicker das Ziel gezeigt hatte, fuhr ich nach Hause und begann direkt aufs Ziel zu «schießen».

Einige Jahre später besuchte ich wieder eine Verkäuferzusammenkunft in Cleveland. Ein Sprecher, dessen Namen ich längst vergessen habe, hielt eine eindrückliche Rede über das, was er als «Oberstes Gesetz der Verkaufstätigkeit» bezeichnete. Ein Beispiel, das er erwähnte, hat sich für immer in meinem Gedächtnis festgesetzt. Hier ist es:

Eines Nachts brannte das Hauptgebäude der Wooster Universität bis auf den Grund nieder. Zwei Tage später sprach Louis E. Holden, der junge Präsident der Universität, beim «Stahlkönig» Andrew Carnegie vor.

«Mr. Carnegie», sagte er, «Sie sind ein vielbeschäftigter Mann. Genau so geht es auch mir. Ich will Sie nur fünf Minuten beanspruchen. Das Hauptgebäude unserer Universität brannte in vorletzter Nacht nieder, und ich möchte von Ihnen 100 000 Dollar, um es wieder aufzubauen.»

Carnegie antwortete: «Junger Mann, ich halte nichts davon, Geld in Schulen zu stecken.»

Holden: «Aber Sie halten etwas davon, jungen Menschen vorwärts zu helfen, nicht wahr? Ein solcher junger Mann bin ich, Mr. Carnegie, und ich bin in eine mißliche Lage geraten. Ich habe alle Energie daran gesetzt, junge Menschen auszubilden, und nun habe ich dazu keine Möglichkeit mehr. Wie würden Sie sich fühlen, wenn Ihre größte Stahlfabrik mitten in der Hochkonjunktur zerstört würde?»

Carnegie: «Gut, wenn Sie in 30 Tagen 100 000 Dollar von anderer Seite aufbringen, dann können Sie bei mir weitere 100 000 abholen.»

Holden: «Einigen wir uns auf 60 Tage — und es wird gehen.»

Carnegie: «Einverstanden!»

Louis Holden nahm seinen Hut und verabschiedete sich. Mr. Carnegie rief ihm nach: «Aber vergessen Sie nicht: Sie haben nur 60 Tage.»

«All right», rief Holden zurück, «nur 60 Tage.»

Das ganze Gespräch dauerte *vier Minuten*. In 50 Tagen hatte Holden seine 100 000 Dollar gesammelt. Als ihm Mr. Carnegie den Scheck auf seine 100 000 überreichte, lachte er und sagte: «Junger Mann, wenn Sie je wieder bei mir vorsprechen, dann bleiben Sie bitte nicht mehr so lange. Ihr Besuch kostet mich 25 000 Dollar die Minute!»

Louis Holden hatte direkt ins Goal getroffen. Er wußte, wo die verwundbarste Stelle bei Mr. Carnegie lag: in seiner Anteilnahme am Schicksal strebsamer junger Menschen. Vielleicht hat Dr. Holden viel mehr bei Mr. Carnegie erreicht als jene 100 000 Dollar. Was Andrew Carnegie später für die Ausbildung junger Leute ausgab, belief sich auf über 100 Millionen Dollar.

Diese Regel muß man sich merken: Versuche herauszufinden, was jemand will, und dann hilf ihm, es zu erreichen. Das ist eines der großen Geheimnisse, um irgend etwas zu verkaufen.

Kürzlich erlebte ich selbst zwei ausgezeichnete Beispiele für die richtige und die falsche Anwendung dieser Erkenntnis. Ich befand mich auf einer Geschäftsreise in einer großen Stadt, als ich einen Anruf erhielt. Jemand sagte: «Mr. Bettger, mein Name ist Brown. Ich werde in unserer Stadt eine neue Schule für junge Verkäufer eröffnen, und ich glaube, daß ich nächsten Monat damit anfangen kann. Heute abend spreche ich darüber an einer öffentlichen Versammlung im gleichen Hotel, in dem Sie jetzt logieren. Wir haben viel Geld für Werbung ausgegeben, und ich hoffe, daß sich einige hundert Personen einfinden werden. Ich würde es außerordentlich begrüßen, wenn Sie einige Worte sprechen könnten. Da noch andere Referenten da sind, genügen zehn Minuten vollkommen. Ich muß aus dieser Versammlung eine große Anzahl von Kursteilnehmern gewinnen, und Sie könnten uns dazu verhelfen. Ich wäre wirklich dankbar, wenn Sie uns . . .» usw.

Ich hatte noch nie etwas von diesem Herrn Brown gehört. Warum sollte ich wegen ihm und *seinen* Plänen meine Arbeit unterbrechen? Außerdem hatte ich im Sinn, am anderen Morgen abzureisen. Aus diesen Gründen wünschte ich ihm viel Glück für sein Unternehmen, bat ihn aber, nicht mit mir zu rechnen, da ich es einfach nicht einrichten könne, mich frei zu machen.

Kurz darauf läutete das Telefon erneut. Ein anderer Mann, den wir White nennen wollen, wandte sich in der gleichen Angelegenheit an mich. Er sagte:

«Mr. Bettger, mein Name ist White, Joe White. Ich habe gehört, daß Sie von Mr. Brown bereits über unser heutiges Meeting orientiert wurden. Ich weiß auch, wie knapp Ihre Zeit ist, und daß Sie mit Abreisevorbereitungen beschäftigt sind; aber wenn Sie es irgendwie doch noch einrichten könnten zu kommen, könnten Sie damit viel Gutes tun. Ich weiß, daß Sie jungen Menschen helfen möchten, und unsere Versammlung wird hauptsächlich von jungen Vertretern besucht, die in ihrem Beruf vorwärts kommen möchten. Sie wissen, was es für Sie bedeutet hätte, etwas mehr vom Verkäuferberuf zu wissen, als Sie selbst unten anfangen mußten. Ich kenne wirklich niemanden, der einer solchen Sache mehr nützen könnte als Sie, Mr. Bettger!»

Mr. Brown machte den gleichen Fehler, den ich selbst gemacht hatte, und den ich wahrscheinlich mein ganzes Leben weiter gemacht hätte, wenn ich von Clayt Hunsicker nicht eines Besseren belehrt worden wäre: Er redete von sich selbst, von seinen Plänen und was *er* erreichen wollte. Mr. White hingegen sprach nie davon, was *er* wollte. Er traf direkt ins Goal; er fand meine eigenen Gesichtspunkte, so daß ich völlig unfähig war, ihm eine Absage zu erteilen.

Dale Carnegie sagt: «Es gibt zwischen Himmel und Erde einen einzigen Weg, einen Menschen zu einer bestimmten Handlung zu bewegen. Hast du je darüber nachgedacht? Einen einzigen Weg! Du mußt es erreichen, ihn so weit zu bringen, daß er etwas tun *will*. Erinnere dich immer daran: Es gibt *keinen* anderen Weg!»

Im Herbst hielt ich eine Reihe von Vorlesungen in verschiedenen Städten des Westens. Meistens ergab sich nachher eine Diskussion, und aus den Reihen der Zuhörer wurden mir Fragen gestellt. In Des Moines, Iowa, fragte mich ein Mann in mittleren Jahren: «Ich sehe ein, daß diese Erkenntnis für Sie als Versicherungsvertreter sehr wichtig war; ich aber sammle Abonnemente für eine sehr bekannte Zeitschrift. *Wie* soll ich Ihr System bei meiner Arbeit anwenden?»

Ich hatte mit ihm eine offene Aussprache. Er war ein Vertreter, der seit Jahren sein Glück mit den verschiedensten Artikeln versucht hatte und dabei verbittert und zynisch geworden war. Ich erklärte ihm, wie ich es anpacken würde, entwickelte ihm eine Methode, die er ausprobieren sollte. Als wir uns trennten, hatte ich nicht den Eindruck, daß dem Manne meine Ideen einleuchten würden. —

Am nächsten Samstagvormittag ließ ich mir im Hotel die Haare schneiden. Plötzlich betrat ein Mann den Coiffeursalon, kam auf mich zu und sagte, er habe gehört, daß ich am frühen Nachmittag abreisen wolle; er müsse mir aber unbedingt noch etwas mitteilen.

«Nach unserem Gespräch am vergangenen Dienstag», sagte er, «wurde mir klar, warum ich nicht vorwärts kam. Ich hatte versucht, Zeitschriftenabonnemente an Geschäftsleute zu verkaufen; aber die meisten erklärten mir, sie hätten schon keine Zeit, um die anderen bereits abonnierten Zeitungen zu lesen.

Am Mittwoch konnte ich einen sehr bekannten Richter unserer Stadt dazu bewegen, mir einen Brief zu schreiben, worin er erklärte, daß er unsere Zeitschrift so schätze, weil sie alle Nachrichten der Woche so kurz zusammenfasse, und weil er sich auf diese Weise an einem kurzen Leseabend über alles Wesentliche orientieren könne. Dann beschaffte ich mir eine Liste aller prominenten Geschäftsleute unserer Stadt, die bereits auf unsere Zeitschrift abonniert waren. Wenn ich nun einen Kunden besuche, dann zeige ich ihm zuerst den Brief des Richters und die Adressenliste. Das größte Hindernis, das mich bisher bedrängte, hilft mir nun zu verkaufen, ja es wurde zu meinem besten Argument! Ich versuche nicht mehr, den Leuten ein Abonnement auf eine Zeitschrift zu verkaufen, sondern ich verkaufe den Geschäftsleuten etwas, das sie dringend nötig haben, etwas vom Begehrtesten in der Welt: *mehr Zeit!*»

Noch vor wenigen Tagen hatte dieser Vertreter unter dem Eindruck gelitten, daß die Leute auf ihn herabsähen. Er hatte Hemmungen, ihnen entgegenzutreten. *Jetzt* aber hatte er eine ganz neue Einstellung zu seiner Arbeit gewonnen.
Der gleiche Mann verkaufte mit Erfolg das *gleiche* Produkt in der *gleichen* Stadt, wo er bisher nur Mißerfolg gehabt hatte.

Wie ich bereits erwähnt habe, wurde ich vor einigen Jahren zum Präsidenten einer kleinen Sonntagsschule gewählt. Wenn sich diese Schule entwickeln sollte, so mußte sie auf breiterer Basis organisiert werden. Ich bat aus diesem Grunde den Pastor, mir im Rahmen des folgenden Sonntagsgottesdienstes fünf Minuten für eine Ansprache einzuräumen. Ich wußte, daß ich etwas «verkaufen» mußte. Es wäre nun durchaus möglich gewesen, den Gemeindemitgliedern zu erzählen, daß ich das Amt eines Präsidenten übernommen hätte, und daß ich von ihnen eine vermehrte Mitarbeit erwarte. Ich hätte sie bitten können, mir zu helfen, die Sonntagsschule auszubauen; doch ich überlegte mir, daß ich eine viel größere Chance hatte, *das* zu erreichen, was *ich* wollte, wenn es mir gelingen würde, davon zu sprechen, was *meine Zuhörer* gerne erreicht hätten. Hier ist meine Ansprache:

«Ich möchte nur einige Minuten über einige Dinge sprechen, die Ihnen am Herzen liegen. Viele von Ihnen haben Kinder und Sie möchten, daß sie am Sonntag unsere Schule besuchen, hier andere nette Kinder treffen und etwas von der Lebensweisheit, die uns die Bibel vermittelt, aufnehmen. Sie und ich möchten, daß unsere Kinder einige Fehler, die ich — und vielleicht auch Sie — gemacht haben, vermeiden werden. Wie können wir dies erreichen?

Alles, was wir tun können, ist eine Verbreiterung unserer Organisation. Jetzt gibt es in unserer Sonntagsschule nur neun Lehrer, unseren Pastor inbegriffen. Doch wir brauchen mindestens deren fünfundzwanzig. Viele von Ihnen werden wahrscheinlich die gleichen Bedenken haben, die auch ich hegte, als ich vor nur zwölf Monaten eine kleine Knabenklasse übernahm; oder vielleicht glauben Sie auch, zu wenig von der Bibel zu wissen, um den Unterricht erteilen zu können. Dazu kann ich Ihnen aber sagen, daß Sie mehr über die Bibel wissen werden, wenn Sie nur sechs Monate lang die Kinder jeden Sonntag zwanzig Minuten lang darüber unterrichten, als wenn Sie selbst sechs Jahre einen Bibelkurs besuchen! Und außerdem werden Sie persönlich auch mehr Gewinn davon haben.

Männer können die Lektionen zusammen mit ihren Frauen beraten. Allein schon dadurch werden Sie einen tieferen Gemeinschaftsgeist entwickeln und sich näherkommen als zuvor. Wenn Sie eigene Kinder haben, werden Sie sich an ihrem Beispiel ereifern und sich ebenfalls dafür interessieren. Erinnern Sie sich an das Gleichnis von den drei Talenten. Auch Ihnen wurden viele Talente gegeben. Ich wüßte keinen besseren Weg, Ihre Talente zu prüfen und zu entwickeln als durch diese Tätigkeit.» Was geschah hierauf? Am gleichen Morgen meldeten sich einundzwanzig neue Lehrkräfte! Zuerst hatten wir nicht einmal genug Kinder und mußten die anderen Klassen aufteilen, so daß solche aus nur zwei und drei Kindern entstanden. Später organisierten wir eine Werbung von Haus zu Haus, und es gelang uns, mit Ausnahme von dreien, sämtliche Kinder der Gemeinde Wynnefield in unserer Sonntagsschule zu versammeln. Schließlich konnten wir in unserer kleinen Kapelle längst nicht mehr alle Gemeindemitglieder aufnehmen, und wir mußten eine neue Kirche bauen! Und in einer Kampagne von drei Monaten sammelten die Gemeindemitglieder 180 000 Dollar, die von total 372 Männern, Frauen und Kindern aufgebracht wurden.

Diese großartige Entwicklung ist sicher nicht nur den neuen Lehrern zu verdanken; sie wäre unmöglich gewesen, wenn wir nicht als Ziel die Vergrößerung unserer Sonntagsschule im Auge gehabt hätten.

Wenn man den Menschen zeigt, w a s sie wollen, dann werden sie Himmel und Erde in Bewegung setzen, um es zu erreichen.

Dieses Gesetz ist so weltumspannend und so wichtig, daß es allen anderen Gesetzen der menschlichen Beziehungen vorausgeht. Es war immer von ausschlaggebender Bedeutung und wird es auch in alle Zukunft sein.

Zusammenfassung

1. Das wichtigste Gesetz der Verkaufskunst besteht darin, herauszufinden, was der Kunde *will*, und ihm dann den besten Weg zu zeigen, es zu erreichen.

2. Es gibt zwischen Himmel und Erde einen einzigen Weg, einen Menschen zu einer bestimmten Handlung zu bewegen. Hast du je darüber nachgedacht? Einen einzigen Weg! Du mußt es erreichen, ihn so weit zu bringen, daß er etwas tun *will*. Erinnere dich immer daran: Es gibt *keinen* anderen Weg!

3. Wenn du es wirklich fertigbringst, einem Menschen zu zeigen, was er *will*, dann wird er Himmel und Erde in Bewegung setzen, um es zu erreichen.

Ein Verkauf für 250 000 Dollar in 15 Minuten

Nachdem mir Clayt Hunsicker in Boston das große Geheimnis des Verkaufserfolges verraten hatte, erreichte meine Begeisterung eine nie gekannte Höhe. Ich bildete mir ein, daß nun nichts anderes zu tun bleibe, als genügend Kunden aufzusuchen — und der Verkauf würde leicht sein.

Während der folgenden Monate zeigte meine Verkaufsstatistik tatsächlich eine dauernde Steigerung meiner Geschäftsabschlüsse, aber trotzdem stieß ich noch immer auf zu viel Opposition, die ich mir nicht erklären konnte.

Bei einer anderen Zusammenkunft von Verkäufern in Philadelphia hörte ich einen der besten Verkäufer Amerikas, der mir die Antwort in einer Nußschale vermittelte. Es war J. Elliot Hall aus New York City. Obschon er sich seit einigen Jahren aus dem Geschäftsleben zurückgezogen hat, stehen seine Verkaufsrekorde immer noch an oberster Stelle.

Mr. Hall erzählte, wie er einmal bereits den Entschluß gefaßt hatte, die Verkaufstätigkeit aufzugeben, und wie er den Grund seiner Mißerfolge entdeckte. «Ich habe zu viele positive Feststellungen gemacht», sagte er. Das aber schien mir eine idiotische Erklärung.

Dann gelang es ihm jedoch, die gespannte Aufmerksamkeit seiner großen Zuhörerschaft zu erreichen, indem er durch einen unverständlichen Satz eine heftige Diskussion provozierte. Aus den Reihen der zweitausend anwesenden Kaufleute hagelte es Einwände und Fragen, bis Elliott Hall an einem schlagenden Beispiel bewies, daß er den Einwänden der Kunden nie mit fixfertigen, vorgelernten Antworten, wie man sie in Büchern mit dem Titel «Wie man Widerstände überwindet» findet, erfolgreich begegnen konnte, sondern einzig und allein indem er *Fragen stellte.*

Nie machte er einen Versuch, seine Kunden davon zu überzeugen, warum sie Unrecht hatten; nie wollte er ihnen zeigen, daß er viel gescheiter sei als sie und alles besser wisse, sondern er begann lediglich *Fragen* zu stellen, die der Kunde vernünftigerweise bejahen mußte. Und er fuhr fort, weitere Fragen zu stellen, bis die Antwort logischerweise *einen* eindeutigen, soliden Schluß ergab, der auf Tatsachen beruhte.

Die grundsätzliche Lehre, die ich aus den Erklärungen dieses erstklassigen, erfahrenen Verkäufers zog, revolutionierte mein ganzes Denken. Nie erweckte er den Eindruck, als ob er irgendwen beeinflussen oder von seiner Ansicht überzeugen wollte. Elliot Halls Fragen hatten nur ein Ziel:

Dem anderen zu helfen, herauszufinden, was ihm not tat, und ihm dann weiter zu helfen, es zu erreichen.

Der üblichste Einwand, der Mr. Hall in der Diskussion entgegengehalten wurde, lautete: «Ich bin mir noch nicht klar, ob ich es kaufen will oder nicht.»

Mr. Hall antwortete: «Meine Aufgabe ist es, dem Kunden zu helfen, einen Entschluß zu fassen. Es gibt überhaupt keine

Frage, die beim ‚ob ich oder nicht' stehen bleiben muß.» Und er erklärte uns, wie man diesen Einwand mit einer Reihe von Fragen überwinden konnte.

«Ich muß mir das alles noch zu Hause überlegen», lautete der Einwand, den ein anderer Vertreter vorbrachte.

«Ich möchte Ihnen helfen, die Frage zu überlegen», antwortete Mr. Hall. Und sofort ging er wieder dazu über, weitere Fragen zu stellen, um herauszufinden, *was* sich der Kunde noch überlegen wollte.

Niemand bekam den Eindruck, als ob Mr. Hall seine Partner widerlegen oder überzeugen wollte. Obschon er sein Ziel mit großer Energie verfolgte, widersprach er nie, und nie antwortete er mit einer fertigen eigenen Meinung. Nie ging er vom Standpunkt aus: Meine Ansicht ist richtig, deine ist falsch!

Seine Methode, durch eine Reihe von Fragen das Denken des Kunden zu leiten und seine (des Kunden) Wünsche herauszukristallisieren, ist unvergleichlich. Nie werde ich seine grundsätzlichen Gedanken vergessen. Als ich ihm gespannt zuhörte, faßte ich den Entschluß, diese Methode zu pflegen und zu einer Kunst zu entwickeln: Die Kunst, Fragen zu stellen!

Wenige Tage nach diesem Erlebnis rief mich ein guter Freund an und machte mir die Mitteilung, daß ein Großindustrieller in New York eine Lebensversicherung von 250 000 Dollar abschließen wolle, und er fragte mich, ob ich in Konkurrenz treten möchte. Die Gesellschaft dieses Industriellen brauchte einen Kredit von 250 000 Dollar, und die Geldgeber bestanden darauf, daß der Präsident über den gleichen Betrag eine Lebensversicherung abschließen müsse. Zehn der größten Versicherungsgesellschaften von New York hatten bereits ihre Offerten eingereicht.

«Natürlich trete ich in Konkurrenz», sagte ich, «kannst du mich bei dem Kunden anmelden und ein Rendez-vous vereinbaren?» Einige Stunden später telefonierte mein Freund erneut und teilte mir mit, daß er eine Besprechung für den kommenden Morgen um 10.45 Uhr für mich arrangiert hatte. Was geschah?

Zuerst saß ich an meinem Pult und überlegte mir, wie ich vorgehen sollte. Elliot Halls Ansprache war mir noch in frischer Erinnerung, und ich entschloß mich, eine Reihe von Fragen vorzubereiten. Während einer halben Stunde gingen meine Gedanken im Kreis herum, dann aber schälten sich einige wichtige Fragen heraus, die dem Kunden helfen sollten, seine Wünsche herauszufinden und zu einem Entschluß zu kommen. Daran arbeitete ich angestrengt während zwei Stunden. Schließlich hatte ich vierzehn Fragen notiert, die ich nun in logischer Reihenfolge zusammenstellte.

Als ich am nächsten Morgen im Zug nach New York fuhr, überflog ich diese Fragen immer wieder. Ich war aufgeregt und konnte das Interview kaum erwarten. Um mein Selbstvertrauen zu stärken, beschloß ich, ein großes Risiko einzugehen. Ich telefonierte einem der besten Ärzte New Yorks und arrangierte für meinen voraussichtlichen Kunden um 11.30 Uhr eine Konsultation.

Im Büro des Industriellen wurde ich von seiner Sekretärin begrüßt. Sie öffnete die Türe des Privatbüros, und ich hörte sie sagen: «Mr. Booth, Mr. Bettger aus Philadelphia möchte Sie sprechen. Er sagte, er habe um 10.45 Uhr eine Verabredung mit Ihnen.»

Booth: Richtig, lassen Sie ihn eintreten.

Ich: Guten Tag, Mr. Booth!

Booth: Guten Tag, Mr. Bettger. Nehmen Sie Platz. (Während einiger Sekunden wartete Mr. Booth auf das, was ich zu sagen hätte. Ich aber wartete auf ihn.) Mr. Bettger, ich fürchte, Sie verlieren Ihre Zeit.

Ich: Wieso?

Booth: (indem er auf eine Anzahl Briefe, Offerten und Prospekte auf seinem Pult zeigte) Ich bin im Besitze von Vorschlägen und Offerten von allen führenden Gesellschaften New Yorks. Einige wurden von persönlichen Freunden vermittelt — mit einem von ihnen spiele ich jeden Samstag und Sonntag Golf; er arbeitet mit der New York Life — das ist doch eine gute Versicherung, nicht?

Ich: Es gibt keine bessere!

Booth: Nun gut, Mr. Bettger, wenn Sie trotz dieser Umstände noch eine Offerte einreichen wollen, dann können Sie mir schriftlich einen Vorschlag machen für eine Lebensversicherung von 250 000 Dollar. Ich bin 46 Jahre alt. Alle Offerten werde ich während der nächsten Wochen studieren und prüfen und dann eine Entscheidung treffen. Wenn Ihr Vorschlag der billigste und beste ist, bekommen Sie den Auftrag. Nun aber glaube ich, daß wir beide keine Zeit mehr verlieren wollen.

Ich: Mr. Booth, wenn Sie mein eigener Bruder wären, würde ich Ihnen das sagen, was ich Ihnen jetzt zu sagen habe.

Booth: Und das wäre?

Ich: Wenn Sie mein eigener Bruder wären, würde ich Ihnen auf Grund meiner Kenntnisse im Versicherungswesen den Rat geben, alle Vorschläge und Offerten auf Ihrem Pult in den Papierkorb zu werfen.

Booth: (offensichtlich überrascht) Wie können Sie so etwas sagen?

Ich: Erstens: Wenn Sie diese Offerten wirklich prüfen wollten, dann müßten Sie ein Versicherungsfachmann sein. Um das zu werden, ist ein siebenjähriges Studium nötig. Zweitens: Wenn es Ihnen gelänge, wirklich den billigsten Vorschlag herauszufinden, so könnte sich die gewählte Gesellschaft schon nach fünf Jahren als die teuerste erweisen. Das ist eine durch viele Erfahrungen erhärtete Tatsache. (Anmerkung: Die Prämien der Versicherungen können von Jahr zu Jahr ändern, entsprechend ihrem Gewinn oder Verlust.) Offen gestanden: Sie besitzen Offerten der besten Gesellschaften der Welt. Sie könnten mit geschlossenen Augen sämtliche Offerten durcheinanderwerfen und dann irgendeine herausgreifen, und es wäre durchaus möglich, daß diese Gesellschaft genau so die billigste sein könnte, wie diejenige, die Sie nach wochenlangem Studium ausgewählt hätten. Und nun, Mr. Booth, möchte ich Ihnen helfen, zu einem Entschluß zu kommen. Dazu aber muß ich Ihnen einige Fragen stellen. Wollen Sie mir dies erlauben?

Booth: All right. Fahren Sie fort!

Ich: Soviel ich weiß, benötigt Ihre Gesellschaft einen Kredit von 250 000 Dollar. Ihre Geldgeber verlangen aber, daß Ihr Leben für den gleichen Betrag versichert werde, und daß die Policen auf die Geldgeber überschrieben werden. Stimmt das?

Booth: Ja, so ist es.

Ich: Mit anderen Worten: Ihre Geldgeber haben Vertrauen in Sie, solange Sie *leben*. Sollte Ihnen aber etwas zustoßen, so haben sie weniger Vertrauen in Ihre Gesellschaft. Ist das auch richtig, Mr. Booth?

Booth: Ja, ich glaube, so verhält es sich.

Ich: Dann aber ist es doch von allergrößter, lebenswichtiger Bedeutung, daß Sie diese Versicherung unverzüglich abschließen und das Risiko auf die Versicherungsgesellschaften abwälzen! Nehmen wir einmal an, Sie würden mitten in der Nacht erwachen, und es käme Ihnen in den Sinn, daß die Feuerversicherung für Ihre größte Fabrik gestern abgelaufen war. Wahrscheinlich würden Sie keinen Schlaf mehr finden und am nächsten Morgen würden Sie so früh wie möglich telefonisch alles Nötige veranlassen, um dieses Risiko auszuschalten. Stimmt das?

Booth: Natürlich!

Ich: Gut; und nun verhält es sich doch so, daß Ihren Geldgebern diese Versicherung auf Ihr Leben fast ebenso wichtig ist wie Ihnen die Feuerversicherung Ihrer Fabriken. Ist es nicht so, daß Ihre Geldgeber den Kredit reduzieren oder überhaupt nicht gewähren, wenn Sie diese Versicherung aus irgendeinem Grund nicht abschließen können?

Booth: Das weiß ich nicht, es ist aber möglich.

Ich: Und wenn Sie diesen Kredit nicht erhalten würden, könnte dies für Sie einen Verlust von mehreren tausend Dollars bedeuten? Vielleicht würde dadurch sogar für Ihre Gesellschaft die Frage «Gewinn oder Verlust» für dieses Jahr aufgeworfen.

Booth: Das wäre möglich.

Ich: Mr. Booth, ich bin in der Lage, heute morgen etwas für Sie zu tun, das Ihnen sonst niemand bieten kann.

Booth: Was meinen Sie damit?

Ich: Auf 11.30 Uhr habe ich für Sie eine Abmachung mit Dr. Carlyle getroffen, der zu den besten Ärzten New Yorks gehört. Seine Atteste werden praktisch von allen Versicherungen anerkannt. Er ist auch der einzige ärztliche Experte, dessen alleinige Untersuchung für eine

Versicherung von 250 000 Dollar als genügend erachtet wird. Er verfügt in seiner Praxis über alle Einrichtungen, die nötig sind, um eine Untersuchung, wie sie in diesem Falle verlangt wird, auszuführen.

Booth: Können andere Agenten nicht dasselbe für mich tun?

Ich: Nein, heute morgen können sie dies nicht mehr! Nehmen wir an, Sie würden erkennen, wie wichtig der *sofortige* Abschluß dieser Versicherung ist, und Sie würden heute nachmittag irgendeinen dieser Vertreter anrufen, um die Sache in die Wege zu leiten, dann würde dieser zuerst einem befreundeten Arzt telefonieren, um ihn zu bitten, am gleichen Nachmittag eine erste Untersuchung hier in Ihrem Büro vorzunehmen. Wenn der Arzt seine Atteste noch am gleichen Abend ausfüllen und spedieren würde, dann säße morgen früh einer der Direktoren vom Gesundheitsdienst der Gesellschaft an seinem Pult, um sie zu studieren. Wenn er zum Entschluß käme, daß auf Sie eine Viertelmillion Dollar Risiko eingegangen werden kann, dann würde er eine zweite Untersuchung durch einen anderen Arzt anordnen, der über alle nötigen Apparate, die die Untersuchung vorschreibt, verfügt. All das bedeutet eine weitere Verzögerung. Warum wollen Sie dieses Risiko für einen weiteren Tag oder für eine weitere Woche eingehen?

Booth: Oh, ich glaube, daß ich noch ein Weilchen am Leben bleiben werde.

Ich: Nehmen wir an, Sie würden morgen früh mit Halsweh erwachen, und Sie wären durch eine Influenza eine Woche ans Bett gebunden. Und wenn es dann soweit wäre, daß Sie sich der Untersuchung unterziehen könnten, würde die Gesellschaft sagen: «Mr. Booth, wir glauben, daß Sie nun wieder gesund sind, doch bevor wir die Sache abschließen, müssen wir eine kleine Bedingung einschalten: Wir müssen Sie bitten, einige Monate Geduld zu haben, damit der Arzt feststellen kann, ob Ihre Krankheit wirklich vorübergehend ist, oder ob sich eventuell dauernde Folgen einstellen.» Sie wären dann genötigt, Ihren Geldgebern mitzuteilen, der Abschluß der Versicherung habe hinausgeschoben werden müssen. Ist es nicht möglich, daß dann auch der Kredit hinausgeschoben würde? Besteht diese Möglichkeit, Mr. Booth?

Booth: Doch, diese Möglichkeit besteht tatsächlich.

Ich: (auf meine Uhr schauend) Mr. Booth, es ist jetzt 11.10 Uhr. Wenn wir sofort gehen, werden wir die Abmachung auf 11.30 Uhr bei Dr. Carlyle einhalten können. Sie sehen so aus, als ob Sie sich im Leben nie wohler gefühlt hätten. Wenn Ihr innerer Gesundheitszustand Ihrem Äußeren entspricht, dann haben Sie diese Versicherung in 48 Stunden unter Dach. Sie fühlen sich doch wohl, heute morgen, Mr. Booth?

Booth: Ich fühle mich sehr wohl!

Ich: Warum ist dann diese Untersuchung nicht das Allerwichtigste in der Welt, das Sie sofort erledigen sollten?

Booth: Mr. Bettger, *wen* vertreten Sie eigentlich?

Ich: Ich vertrete Ihre Interessen, Mr. Booth!

Booth: (Denkt einen Augenblick nach. Zündet sich eine Zigarette an. Steht langsam von seinem Pult auf, geht einige Schritte auf und ab. Schaut zum Fenster hinaus. Geht zum Huthalter, nimmt seinen Hut, dreht sich zu mir.) Dann wollen wir gehen!

Mit der Six-Avenue-Bahn fuhren wir zu Dr. Carlyle. Die Untersuchung fiel zufriedenstellend aus, und Mr. Booth war plötzlich mein Freund geworden. Er bestand darauf, mich zum Essen einzuladen. Als wir anstießen, fragte er mich lachend: «Und nun, Mr. Bettger, *welche* Gesellschaft vertreten Sie eigentlich?»

Analyse der Grundregeln dieses Verkaufs

Der Leser wird die Frage stellen: «Wie soll es *mir* gelingen, diese Technik anzuwenden? Das ist alles gut und recht, um eine Versicherung an den Mann zu bringen, wie aber soll *ich* vorgehen?» Und doch kann diese Methode auch beim Verkauf von Schuhen, Schiffen oder Bodenwichse angewandt werden.

1. Sei angemeldet!

Du mußt erwartet werden! Eine feste Abmachung hat große Vorteile. Der Kunde schätzt es, wenn man mit seiner Zeit rechnet; er erkennt daraus aber auch, daß man den Wert der Zeit für sich selbst zu schätzen weiß. Unbewußt wird der Kunde die Zeit des Besuchers höher bewerten. Ich hätte diesen vielbeschäftigten Industriellen niemals treffen können, wenn ich ohne feste Abmachung nach New York gefahren wäre.

2. Bereite dich vor!

Was würdest du tun, wenn dich die Handelskammer deines Wohnortes einladen würde, vor einer großen Versammlung ihrer Mitglieder zu sprechen, und wenn man dir dafür ein beträchtliches Honorar bezahlen würde? Du würdest viele Stunden damit verbringen, dich entsprechend vorzubereiten. Du würdest vielleicht Nächte opfern, um dir zu überlegen, mit welchen

Worten deine Rede einzuleiten sei, welche Punkte in ihr enthalten sein und wie sie abgeschlossen werden müßte. Kurz und gut: Du würdest diese Ansprache als ein wichtiges Ereignis behandeln. Und warum? Weil du vor zweihundert oder vierhundert Personen auftreten müßtest. Nun, dazu wäre zu sagen, daß es völlig gleichgültig ist, ob man zu einigen hundert Personen oder zu einer einzelnen spricht. Und zudem kann das Letztere mehr einbringen als ein Honorar. Warum soll man also nicht jeden einzelnen Kundenbesuch als ein Ereignis betrachten?

Nachdem mir mein Freund mitgeteilt hatte, daß er für den kommenden Morgen eine Verabredung für mich getroffen hätte, saß ich eine halbe Stunde an meinem Pult und dachte darüber nach, was ich diesem Manne sagen wolle. Doch nichts Passendes wollte mir einfallen. «Gut, ich bin jetzt zu müde», dachte ich, «und werde morgen früh im Zug nach New York darüber nachdenken.»

Dann aber sagte mir meine innere Stimme: «Nichts da! Gerade *jetzt* muß das erledigt werden! Du weißt, wie sehr dein Selbstvertrauen schwindet, wenn du unvorbereitet bist. Dieser Kunde war mit einem Interview einverstanden; also los, Bettger, bereite dich vor! Und sei bereits jetzt von deinem Erfolg überzeugt!»

Nach einer Weile kam mir die folgende Frage in den Sinn: «Wo liegt der Schlüssel zu diesem Geschäft?»

Die Antwort war nicht schwer; sie lautete: *Kredit.* Dieser Seidenfabrikant brauchte Kredit. Seine Geldgeber bestanden darauf, daß sein Leben versichert würde. Jeder Tag der Verzögerung brachte ein großes Risiko mit sich. Die Kosten der Versicherung waren Nebensache.

76

Diese kleine Überlegung führte mich zu einem wichtigen Hilfsmittel für *jede* Vorbereitung eines Gesprächs oder einer Rede. Man hat den richtigen Weg beschritten, wenn man sich zuerst fragt:

3. Wo liegt der Schlüssel zu dieser Angelegenheit?

Oder: Wo liegen die hauptsächlichsten Interessen?

Oder: Wo ist der verwundbarste Punkt?

Diese Überlegung sicherte mir dieses Geschäft in Konkurrenz mit allen anderen großen Gesellschaften.

Als wir zusammen das Mittagessen einnahmen, sagte Mr. Booth zu mir:

«Ich befürchte, einige meiner Freunde aus der Versicherungsbranche werden nicht erbaut sein; doch sie haben mich nun seit Wochen bedrängt, und jeder versuchte, den anderen auszustechen, indem er mir beweisen wollte, wieviel billiger er sei als der andere. Sie haben niemanden ausstechen wollen, aber Sie brachten mich dazu, das Risiko, das ich durch eine weitere Verzögerung einging, auszuschalten. Und dann bekam ich langsam Angst, ich könnte diesen Kredit verlieren. Schließlich war ich davon überzeugt, daß es unverzeihlich wäre, auch nur noch den Lunch vor dieser Untersuchung einzunehmen.»

Dieses Geschäft lehrte mich ein anderes, wichtiges Gesetz: Nie darf man zu viele Fragen aufrollen, die vom Hauptinteresse ablenken. Man muß ausfindig machen, wo der wunde Punkt ist und dann bei der Stange bleiben.

4. Notiere die Stichworte!

Nur ganz wenige Menschen können eine Unterredung führen — oder auch nur ein wichtiges Telefongespräch — und dabei folgende Regeln einhalten:
a) alle wichtigen Punkte im Gedächtnis behalten;
b) sie in logischer Reihenfolge vorbringen;
c) kurz bleiben und den wichtigsten Punkt nicht aus dem Auge lassen.

Wenn ich mir keine Notizen mache, laufe ich große Gefahr zu versagen. Als ich das Gespräch mit Mr. Booth vorbereitete, machte ich mir Notizen. Im Zug durchging ich diese Stichworte immer wieder, bis ich ganz genau wußte, *was* ich sagen und wie ich es vorbringen wollte. Das stärkte mein Selbstvertrauen. Es war absolut unnötig, sie beim Gespräch noch zu Rate zu ziehen. Wenn mein Gedächtnis jedoch versagt, dann scheue ich mich keineswegs, mein Kärtchen mit den vorher notierten Stichworten aus der Tasche zu ziehen und einen Blick darauf zu werfen.

5. Stelle Fragen!

Von den 14 Fragen, die ich vorbereitet hatte, stellte ich deren 11. Das ganze Interview von einer Viertelstunde bestand zur Hauptsache aus Fragen und Antworten. Das Stellen von Fragen ist dermaßen wichtig und so eng mit meinem Erfolg als Verkäufer verbunden, daß ich das ganze nächste Kapitel diesem Thema widme.

6. Verzichte nicht auf das Überraschungsmoment!

Tue irgend etwas Überraschendes! Oft ist es nötig, die Menschen irgendwie zu reizen und ihre Aufmerksamkeit in ihrem eigenen Interesse anzustacheln. Allerdings tut man es besser nicht, wenn man nicht so gut vorbereitet ist, daß man die Überraschung, die man dem anderen bereitet, mit Tatsachen auffangen kann. *Tatsachen, nicht Meinungen!*

Ich sagte zu Mr. Booth: «Wenn Sie mein eigener Bruder wären, würde ich Ihnen auf Grund meiner Kenntnisse im Versicherungswesen den Rat geben, alle Vorschläge und Offerten auf Ihrem Pult in den Papierkorb zu werfen!»

7. Betone die Tatsachen!

Grundsätzlich gibt es im Geschäftsleben *zwei* Dinge, die zum Handeln bewegen: der Wunsch nach Gewinn und die Angst vor Verlust. Das ganze Gespräch mit Mr. Booth zeichnet sich aus durch eine Betonung des *Risikos*. Das Risiko, den Kredit von 250 000 Dollar zu verlieren, war durchaus *real* und der Wahrheit entsprechend. Es durfte und mußte *im Interesse des Kunden* betont werden.

8. Vertrauen schaffen!

Es gibt verschiedene Wege, das Vertrauen eines Menschen zu gewinnen. Ich glaube, daß es 4 Grundregeln waren, die mir halfen, das Vertrauen des mir unbekannten Mannes zu erreichen.

a) Fühle dich als Mitkäufer!

Als ich mich für die Zusammenkunft vorbereitete, versuchte ich mich in die Rolle eines Mitarbeiters von Mr. Booth zu versetzen, d. h. ich ging in die Rolle eines «Mitkäufers» der Versicherung. Und in dieser Beziehung waren meine Kenntnisse denjenigen von Mr. Booth überlegen. Wenn ich die Sache von diesem Gesichtspunkt aus betrachtete, brauchte ich nicht zu zögern, mich ganz dafür einzusetzen und meine absolute Überzeugung in die Worte zu legen, die ich vorzubringen hatte. Dieser Gedanke half mir, alle Hemmungen zu überwinden. Die Rolle des «Mitkäufers» hat ganz wesentlich dazu beigetragen, dieses Geschäft abzuschließen, und ich habe während all der Jahre nachher immer wieder die gleiche Stellung eingenommen. Ich empfehle jedem jungen Mann, der verkaufen oder verhandeln muß, sich als «Mitkäufer» zu fühlen, denn die Leute schätzen es weniger, wenn man ihnen etwas verkauft, als wenn sie es *selbst* kaufen können.

b) «Wenn Sie mein eigener Bruder wären,
   würde ich Ihnen das sagen, was ich jetzt
   zu sagen habe ...»

Wenn man eine solche Redewendung mit Überzeugung und Sicherheit vorbingt, kann sie Wunder wirken. Es waren fast die ersten Worte, die ich Mr. Booth sagte; ich blickte ihm offen in die Augen und sprach sie mit Überzeugung und menschlicher Wärme. Dann wartete ich auf das, was er sagen würde. Jetzt kam die Frage: «Und das wäre?»

c) Lobe deine Konkurrenz!

Auch wenn du keine Reklame für die Konkurrenz machen kannst, so sage doch nichts Nachteiliges über sie. Versuche eher, etwas Gutes über die anderen Bewerber zu sagen. Als Mr. Booth einen guten Freund bei der New York Life erwähnte und fragte: «Das ist doch eine gute Gesellschaft?» da antwortete ich schnell: «Es gibt keine bessere!» Dann aber kehrte ich sofort zu meinen Fragen zurück.

d) «Ich bin in der Lage, heute morgen etwas für Sie
zu tun, das Ihnen sonst niemand bieten kann.»

Das ist ein stark wirkender Satz. Wenn wirklich etwas dahinter-
steckt und er ehrlich gemeint ist, dann sitzt er. Hier ist ein
weiteres Beispiel:

Als ich eines Tages mit Mr. Carnegie auf dem Weg zum Abend-
zug war, kam ein Mitglied des Vereines junger Kaufleute, Russel
Levine, der auch unseren Kurs besuchte, an die Station, um uns
Adieu zu sagen. Russel sagte: «Einer Ihrer Ratschläge half mir
gestern, einen ganzen Wagen Öl zu verkaufen.» Ich bat ihn,
mir die Geschichte zu erzählen.

Russel hatte einen Kunden besucht und ihm gesagt: «Ich bin in
der Lage, heute morgen etwas für Sie zu tun, das Ihnen sonst
kein Mensch verschaffen kann.»

«Was meinen Sie damit?» fragte der Kunde.

«Ich kann Ihnen eine ganze Wagenladung Öl verschaffen.»

«Kommt nicht in Frage!» sagte der Kunde.

«Wieso nicht?» fragte Russel.

«Weil ich keinen Platz dafür hätte», antwortete der Kunde.
Und Russel fuhr fort: «Mr. D., wenn Sie mein eigener Bruder
wären, würde ich Ihnen sagen, was ich Ihnen nun sagen werde.»
«Das wäre?» fragte der erstaunte Kunde.

«Nehmen Sie diese Wagenladung», sagte Russel ernst. «Wir werden sehr bald knapp dran sein mit Öl, und Sie werden später

Mühe haben, Ihren Bedarf zu decken. Außerdem können Sie einen großen Preisvorteil herausholen.»

«Es geht nicht», sagte der Kunde, «ich wüßte nicht, wohin mit der Ware.»

«Dann mieten Sie einen Lagerraum!» riet Russel.

«Nein», bestand der Kunde, «ich muß verzichten.»

Einige Stunden später, als Russel wieder auf sein Büro kam, lag eine Meldung vor, er möchte seinen Kunden anrufen. Dieser sagte: «Russel, ich mietete eine alte Garage, wo ich das Öl unterbringen kann. Der Wagen ist gekauft!»

9. Zolle den Leistungen und Fähigkeiten deiner Kunden ehrliche Anerkennung!

Jedermann schätzt es, wenn man ihn ernst nimmt. Alle Menschen hungern nach Anerkennung und Lob. Doch hier dürfen wir nicht übertreiben! Man übe also eher Zurückhaltung, wenn man Komplimente macht. Es stand aber außer Zweifel, daß sich Mr. Booth, der erfolgreiche Geschäftsmann, geschmeichelt fühlen würde, als ich sagte: «Ihre Geldgeber haben Vertrauen in Sie, solange Sie leben. Sollte Ihnen aber etwas zustoßen, so haben sie weniger Vertrauen in Ihre Gesellschaft. Ist das richtig, Mr. Booth?»

10. Man muß etwas riskieren!

Sei überzeugt, daß du das Rennen machen wirst! Mein Risiko bestand darin, eine Abmachung mit Dr. Carlyle zu treffen, bevor ich meinen Kunden überhaupt gesehen hatte. Ich setzte alles auf eine Karte.

11. Wende das Wörtchen SIE an!

Erst Jahre später, als ich langsam über die Regeln der Verkaufskunst mehr wußte, analysierte ich diesen Verkauf und war erstaunt, daß ich das Wörtchen «Sie» 69mal während dieser kurzen Viertelstunde gebraucht hatte. Ich weiß nicht mehr, wie und wann ich zuerst auf diesen Umstand aufmerksam wurde, aber diese Methode ist die beste, um sicher zu gehen, daß man die allerwichtigste Verkaufsregel nicht vergißt, nämlich:

Die Dinge vom Standpunkt des *anderen* aus zu sehen und von *seinen* Bedürfnissen und Wünschen zu sprechen.

Wollen Sie einen interessanten und lehrreichen Versuch machen? Dann notieren Sie sich, was Sie bei Ihrem letzten Verkaufsgespräch sagten! Und dann sehen Sie nach, wie oft Sie das Wörtchen «ich» und «wir» streichen und durch SIE und IHR ersetzen können.

Vergessen Sie nicht, das Wörtchen SIE recht oft zu gebrauchen!

Wie ich meinen Verkaufserfolg durch Fragen erhöhte

Eine neue Idee kann das ganze Denken eines Menschen verändern und umstellen. Zum Beispiel hatte ich mir kurze Zeit vor diesem Bombenerfolg in New York vorgenommen, ein «Viertelmillionär» zu werden, d. h. für diesen Betrag Versicherungen abzuschließen. Ich hoffte, dieses Ziel mit unermüdlicher Arbeit zu erreichen!

Und nun hatte ich plötzlich eine Viertelmillion an einem einzigen Tag abgeschlossen! War das nicht ein Wunder? Noch vor einer Woche schien mir eine Viertelmillion fast unerreichbar, und nun steckte ich mir bereits ein viel höheres Ziel: eine Million!

Das waren meine Gedanken, als ich im Zug nach Philadelphia zurückfuhr. Ich war so aufgeregt, daß ich unaufhörlich im Wagen auf- und abwanderte. Alle Plätze waren besetzt, doch ich könnte mich an kein einziges Gesicht erinnern. Immer wieder durchdachte ich mein Gespräch mit Mr. Booth. Ich versuchte, mich an jedes einzelne Wort zu erinnern: an das, was er gesagt hatte und an meine eigenen Worte. Und schließlich machte ich mich daran, das ganze Gespräch aufzuschreiben.

«Wie nutzlos und lächerlich wäre diese Reise wohl gewesen», sagte ich zu mir selbst, «wenn mich Elliot Hall nicht auf die Bedeutung des Fragenstellens aufmerksam gemacht hätte!» In

Tat und Wahrheit wäre ich vorher wegen dieses Falles überhaupt nicht nach New York gefahren.

Ich überlegte mir folgendes: Wenn ich versucht hätte, die gleichen Dinge *ohne* meine Fragen vorzubringen, hätte ich bestimmt in drei Minuten wieder auf der Straße gestanden. Trotzdem ich alles, was ich zu sagen hatte, mit größter Sicherheit und Überzeugung vorbrachte, zeigte dieser erfolgreiche Industrielle nicht einen Augenblick irgendein Anzeichen von Widerspruch oder Ablehnung. Indem ich meine Ideen in Frageform vorbrachte, zeigte ich ihm den Weg, den er einschlagen sollte, ohne daß er seine Rolle als Käufer aufgeben mußte. Jedesmal, wenn er einen Einwand machte, gab ich den Ball mit einer neuen Frage an ihn zurück; und als er schließlich aufstand, nach seinem Hut griff und sagte: «Dann wollen wir gehen!» war er der festen Überzeugung, selbst diese Entscheidung getroffen zu haben.

Wenige Tage später erhielt ich durch einen Freund einen Empfehlungsbrief an den jungen Direktor einer großen Baufirma, der durch seine Projekte Aufsehen erregt hatte. Das Geschäft begann zu blühen und gehörte zu den vielversprechendsten Unternehmen der Stadt.

Der junge Direktor überflog meinen Empfehlungsbrief und sagte: «Wenn Sie mit mir über Versicherungen sprechen wollen, dann habe ich kein Interesse. Vor einem Monat habe ich mehrere Versicherungen abgeschlossen.»

In seiner Stimme war so etwas Bestimmtes und Endgültiges, daß es fast peinlich war, weiter zu insistieren. Andererseits interessierte mich die Person dieses erfolgreichen Ingenieurs tatsächlich, und ich hätte ihn gerne persönlich kennen gelernt. So kam ich auf folgende Frage:

«Mr. Allen, wie haben Sie eigentlich angefangen, Häuser zu bauen?»

Während der nächsten drei Stunden hörte ich ihm zu.

Als seine Sekretärin kam, um ihm einige Checks zur Unterzeichnung vorzulegen, und nachdem sie den Raum wieder verlassen hatte, blickten wir uns eine Weile schweigend an. Dann fragte mich der junge Direktor: «Was glauben Sie, sollte ich tun?»

«Ich bitte Sie, mir einige Fragen zu beantworten», sagte ich.

Später verließ ich sein Büro mit genauen Kenntnissen über seine Verhältnisse, seine Wünsche, seine Pläne und seine Schwierigkeiten. Während unserer Unterredung sagte er einmal: «Ich weiß eigentlich nicht, warum ich Ihnen das alles erzähle. Sie wissen nun mehr über mich als irgendwer — mehr als meine Frau!»

Ich bin überzeugt, daß er durch unser Gespräch sogar Dinge entdeckte, die ihm selbst unbekannt waren. Dinge, die er vorher nie geistig herauskristallisiert hatte.

Ich dankte ihm für das Vertrauen, das er mir entgegengebracht hatte und versprach, über seine ganze Situation nachzudenken. Zwei Wochen später unterbreitete ich ihm und seinen beiden Teilhabern einen Plan, der die Entwicklung des Unternehmens sichern sollte. Es war Heiliger Abend, und ich verließ das Büro um 4 Uhr nachmittags mit unterschriebenen Verträgen, lautend auf 100 000 Dollar Lebensversicherung für den Direktor; 100 000 Dollar für den Vizedirektor und 25 000 Dollar für den Chefbuchhalter.

Das war der Anfang einer aufrichtigen Freundschaft mit diesen drei Männern. Während der folgenden Jahre steigerte sich die Summe der Abschlüsse, die ich mit ihnen tätigte, auf 750 000 Dollar. Nie hatte ich den Eindruck, ihnen etwas verkauft oder aufgeschwatzt zu haben. Immer waren *sie* es, die kauften. Anstatt auf alle ihre Fragen eine fertige Antwort in der Tasche zu haben, wie ich es früher getan hatte, brachte ich sie durch meine Fragen dazu, mir die Antworten zu geben, die ich brauchte.

In 25jähriger Tätigkeit habe ich erfahren, daß *dieser* Weg des Umgangs mit Kunden hundertfach erfolgreicher ist, als wenn man versucht, den Kunden für seine eigene Denkweise zu gewinnen.

Als mir Mr. Hall diese Methode erläuterte, glaubte ich, etwas Neues entdeckt zu haben. Kurz darauf mußte ich jedoch lernen, daß ein großer Mann in Philadelphia vor 150 Jahren bereits etwas über dieses Thema geschrieben hatte. Sein Name ist — Benjamin Franklin. Er selbst erzählt, wie er diese Erkenntnis von einem Manne gewann, der 2200 Jahre vor Benjamin Franklins Geburt in Athen lebte: *Sokrates!* Durch diese Methode gelang Sokrates das, was nur wenigen Menschen in der Geschichte gelungen ist: er veränderte das Denken der Menschheit.

Ich war überrascht, zu vernehmen, daß Franklin als junger Mann Mühe hatte, mit anderen Menschen auszukommen. Er schaffte sich viele Feinde, weil er stets ihre Ansichten zu widerlegen suchte, weil er zu viele positive Behauptungen aufstellte und weil er versuchte, andere Menschen zu beherrschen. Schließlich erkannte er, daß er auf diese Weise alle guten Beziehungen zu anderen verlieren würde. Mit großem Interesse studierte er Sokrates' Methode, die ihm eine wahre Offenbarung bedeutete, und die er später immer anwandte. Franklin schrieb:

«Diese Methode war für mich von unschätzbarem Nutzen, wenn ich in die Lage kam, andere Menschen von gewissen Plänen, die ich durchsetzen wollte, zu überzeugen. Der Endzweck jedes Gespräches besteht darin, zu informieren und informiert zu werden, und ich glaube wirklich, daß sich kluge, vernünftige Männer nichts vergeben, wenn sie auf jedes übertrieben positive und anmaßende Wesen verzichten, das nur Widerstand hervorbringt, und alle Voraussetzungen und Möglichkeiten, um deretwillen uns die Sprache gegeben wurde, zerstört.»

Franklin hat die Fähigkeit, andere Menschen zu überzeugen, zu einer Kunst entwickelt; er fand aber folgende, einfache und wichtige Regel, um den Gesprächspartner auf seine Fragen *vorzubereiten:*

«Wenn jemand etwas vorbrachte, das mir unrichtig erschien, verzichtete ich auf das Vergnügen, ihn sofort zu unterbrechen und ihm die Widersprüche in seinen Ansichten zu beweisen. Wenn ich antwortete, begann ich damit, seine Ansichten seien unter gewissen Umständen richtig, daß aber im vorliegenden Fall einige Unterschiede berücksichtigt werden müßten, nämlich... Ich fand bald heraus, daß diese Methode ein Gespräch viel erfolgreicher und angenehmer gestalten konnte. Die bescheidene Art und Weise, wie ich so meine Meinung zum Ausdruck bringen konnte, öffnete mir viele Türen und weckte weniger Widerspruch. Wenn man selbst im Unrecht ist, ist diese Methode weniger demütigend als offener Widerspruch, und wenn man im Recht ist, hilft man damit dem anderen, seine Ansicht aufzugeben und sich zu einer anderen zu bekennen.»

Diese Methode schien so einfach und verständlich, daß ich sie auch beim Verkauf anwandte. Sie half mir sofort, und ich wandelte Franklins Ratschläge so gut es ging auf meine Verhältnisse ab.

Sobald man sagt: «Ich bin nicht Ihrer Ansicht, weil ...», hat man das Spiel schon verloren.

Hingegen bedeutet die Redewendung: «Glauben Sie nicht auch ...» eine wirkliche Hilfe, um positive Behauptungen auszuschalten. Wenn ich Ihnen zum Beispiel sage: «Wir sollten es unbedingt vermeiden, so viele Behauptungen aufzustellen. Wir sollten mehr Fragen stellen», so habe ich damit vor allem *meine* Ansicht zum Ausdruck gebracht. Sage ich aber: «Glauben Sie nicht, wir sollten es vermeiden, so viele Behauptungen aufzustellen? Sind Sie nicht der Ansicht, wir sollten mehr Fragen stellen?» dann klingt dies schon ganz anders. Habe ich damit nicht den Eindruck erweckt, als würde ich Sie um Ihre Meinung fragen? Jeder Zuhörer begeistert sich viel leichter für eine Sache, von der er glaubt, es sei seine eigene!

Indem man Fragen stellt, erreicht man zweierlei:

1. Der Gesprächspartner erfährt, was man selbst denkt;

2. gleichzeitig macht man ihm ein Kompliment, weil man nach *seiner* Meinung fragt.

Ein berühmter Erzieher sagte mir einst: «Etwas vom besten, das man auf einer höheren Schule lernt, ist die Fähigkeit, Rede und Gegenrede durch *Fragen* zu leiten; kurz: die wissenschaftliche Anwendung der Frage.»

Ich hatte nie Gelegenheit, eine höhere Schule zu besuchen, aber ich weiß, daß es keine bessere Methode gibt, um Menschen zum

Nachdenken zu bringen, als ihnen systematisch Fragen z. stellen.

Ich habe sogar herausgefunden, daß dies in vielen Fällen der *einzige* Weg ist, um Menschen überhaupt zum Denken zu veranlassen!

Die sechs Vorteile der Methode des Fragenstellens

1. Wenn man fragt, unterläßt man Behauptungen und vermeidet es, die eigene Meinung in den Vordergrund zu rücken.

2. Wer fragt, spricht nicht zu viel!

3. Die Fragen zeigen auf, was der Gesprächspartner will, und sie helfen ihm, selbst herauszufinden, was er nötig hat. Dadurch kann man ihm helfen, sich das Passende zu verschaffen.

4. Das Denken des Gesprächspartners wird klarer. Unsere Gedanken werden *seine Ideen!*

5. Durch Fragen findet man den verwundbarsten Punkt und den Schlüssel zum Abschluß des Verkaufs.

6. Fördere beim Gesprächspartner das Gefühl seiner Überlegenheit und seiner Bedeutung. Wenn du seine Ansichten schätzest und achtest, wird er viel eher auch die deinen achten!

90

Wie ich den wichtigsten Grund entdeckte,
warum jemand kaufen sollte

In New York erzählte man sich die Geschichte eines großen, sehr starken Mannes, der in einem Nachtklub jedermann aufforderte, man möge ihn mit aller Kraft in den Magen boxen. Verschiedene starke Männer machten den Versuch, darunter sogar Jack Dempsey, doch die härtesten Schläge schienen dem «starken Mann» keinen Eindruck zu machen. Eines Abends befand sich im Publikum ein großgewachsener, muskulöser Schwede, der kein Wort Englisch verstand. Jemand sagte ihm, er könne den erwähnten Kraftmenschen so hart schlagen wie er wolle. Der maître de plaisir versuchte, dem Schweden durch allerlei Gesten begreiflich zu machen, daß er auf das Podium kommen und dort den anderen so hart schlagen könne, wie ihm dies möglich wäre. Endlich begriff der Schwede, stand auf, zog seinen Rock aus, krempelte die Hemdärmel auf und machte sich breit. Der «starke Mann» seinerseits zog kräftig die Luft ein, spannte seine Muskeln und machte sich bereit, den Schlag zu empfangen. Mächtig holte der Schwede zum Schlag aus und landete seine Faust mit voller Wucht — am Kinn des anderen. Der «Kampf» endete mit k. o. des «starken Mannes».

Infolge eines Mißverständnisses hatte der große Schwede eines der wichtigsten Gesetze des Verkaufs anderweitig angewandt: er faßte den verwundbarsten Punkt ins Auge — nur diesen — und schlug zu. Mit anderen Worten: er konzentrierte sich ausschließlich auf den «Schlüssel» zum Erfolg.

Der Kunde weiß selbst nicht immer, was für ihn wirklich wichtig ist. Erinnern wir uns nur an den Seidenfabrikanten Mr. Booth! Er war in der Vorstellung befangen, daß er die billigste Versicherung finden müsse. Er hatte sich in diese Idee vergraben, und die Versicherungsagenten liefen sich die Füße ab und ließen ihm Tag und Nacht keine Ruhe. Es war, als ob jedermann den «starken Mann» in den Magen boxte.

Durch meine Fragen wurde ihm erst bewußt, worauf es wirklich ankam, d. h. es gelang mir, ihn auf den Boden der Realität zurückzuführen.

Zum erstenmal wurde mir klar, wie wichtig es ist, immer zuerst den Angelpunkt einer Sache herauszufinden, als ich die folgenden Worte Lincolns las: «Den größten Teil meines Erfolges als Anwalt vor Gericht verdanke ich dem Umstand, daß ich dem Gegenanwalt stets in sechs Punkten recht gab, um selbst im siebenten Recht zu bekommen — *dieser* aber war der *wichtigste.*»

Der Prozeß um die Rock Island-Eisenbahn, von dem wir später noch reden werden, ist ein glänzendes Beispiel für diese Taktik Lincolns. Am letzten Tage der Gerichtsverhandlungen hielt der Gegenanwalt ein zweistündiges Plädoyer, um den Fall noch einmal zusammenzufassen. Lincoln hätte es leicht gehabt, verschiedene Argumente anzugreifen und zu widerlegen. Er wollte jedoch das Risiko nicht eingehen, die Geschworenen noch mehr zu verwirren, und er beschloß, alle Argumente — bis auf *eines* — fallen zu lassen: bis auf das Hauptargument. Sein Plädoyer dauerte keine zwei Minuten — aber er gewann den Prozeß.

Ich habe schon mit Tausenden von Verkäufern gesprochen, fand aber immer wieder, daß viele von ihnen dem «Schlüsselpunkt» zu wenig Aufmerksamkeit schenkten. Gewiß, sie haben davon gehört und darüber gelesen. Doch: *was* ist der Schlüsselpunkt? Wir wollen die Antwort vereinfachen und fragen:

Was ist das wirkliche Bedürfnis?
oder:
Wo liegt das Hauptinteresse und wo liegt
der verwundbarste Punkt?

Wie findet man den wahren Schlüsselpunkt? Indem man den Kunden zum Sprechen ermutigt. Sobald jemand vier oder fünf Gründe aufgezählt hat, warum er *nicht* kaufen will, und wenn man dann nur einen Punkt widerlegen will, dann wird man nichts verkaufen.

Hält man ihn aber beim Sprechen, so wird er damit selbst den Verkauf fördern! Wieso? Weil er im Gespräch unter den vier oder fünf Gründen selbst den wichtigsten und wirklichen Grund herausgreifen wird. Manchmal braucht man überhaupt nichts zu sagen. Wenn der Kunde aber ausgeredet hat, muß man unverzüglich auf *diesen* Punkt, den man als wichtigsten erkannt hat, zurückkommen. In der Regel handelt es sich tatsächlich um den *wahren* Grund.

Vor Jahren besuchte ich eine Verkäuferversammlung in Pittsburg. William G. Power, der Direktor der Propagandaabteilung der Chevrolet Motor Company, erzählte die folgende Geschichte: «Ich wollte mir in Detroit ein Haus kaufen und ließ einen bekannten Häuseragenten kommen. Er gehörte zu den besten und sympathischsten Verkäufern, die mir je begegneten. Nachdem er mich angehört hatte, fand er heraus, daß ich schon immer den Wunsch gehabt hatte, selbst einen Baum zu besitzen. Er fuhr mich zu einem Haus, ungefähr zwölf Meilen von Detroit, in eine reizende, bewaldete Gegend. ,Sehen Sie sich einmal diese prächtigen Bäume an, achtzehn gesunde, herrliche Bäume!' sagte er.

Ich betrachtete die Bäume, bewunderte sie und fragte nach dem Preis des Hauses. Er nannte ihn, worauf ich ihm sagte, er möge ihn nachkalkulieren, denn er sei zu teuer. Doch mein Begleiter war nicht bereit, auch nur einen Penny nachzulassen. Ich sagte: ,Ein solches Haus kann ich überall für viel weniger Geld haben!' Aber er antwortete: ,Mein Kompliment, wenn Sie es können, aber sehen Sie sich einmal diese Bäume an . . . eins, zwei, drei. . .'

Und jedesmal, wenn ich über den Preis diskutieren wollte, begann er die Bäume zu zählen. Schließlich verkaufte er mir die achtzehn Bäume — und gab das Haus dazu!

Das ist wahre Verkaufskunst! Der Agent erfaßte, was ich wirklich wollte — und verkaufte es mir.»

Ich habe viele Verkäufe verpaßt, weil ich mich auf Argumente und Diskussionen einließ. Ich habe Tausende von Widersprüchen klug und genau zu beantworten versucht, und langsam, durch viele Enttäuschungen und Irrtümer, habe ich herausgefunden, daß man solange mit allem einverstanden sein muß, was der Kunde sagt, *bis* man herausgefunden hat, *warum* er nicht kaufen will.

Viele Kunden versuchen, einem irrezuführen. In den folgenden zwei Kapiteln werde ich zeigen, wie man mit zwei kleinen Fragen abklären kann, ob der Widerstand des Kunden *echt* ist,

94

und wie man mit einer erfolgreichen Methode versteckte Widerstände ans Licht bringen kann.

Zusammenfassung

Die Hauptprobleme des Verkaufs sind:

1. das wirkliche Bedürfnis oder

2. den Angelpunkt des Interesses zu finden und

3. dann dabei zu bleiben!

Das wichtigste Wort beim Verkaufsgespräch
hat nur drei Buchstaben!

Eines der mächtigsten Wörter der englischen Sprache — so glaube ich — ist das kleine Wörtchen *«why?»* (warum? wieso?), doch ich brauchte Jahre unbeholfener Versuche, um es zu entdecken. Bevor ich lernte, dieses kleine Fragewort immer dann zu gebrauchen, wenn jemand Einwände vorbrachte, ließ ich mich stets dazu verleiten, Antworten zu geben, zu erklären und zu widerlegen. Bis mich eines Tages ein Freund anrief und mich zum Mittagessen einlud. Sein Name ist James C. Walker. Nachdem wir unser Essen bestellt hatten, sagte Jim: «Frank, nun will ich dir erzählen, warum ich dich sehen wollte: Kürzlich nahm ich, zusammen mit einigen Freunden, an einer sehr vergnüglichen Jagdpartie teil. Wir übernachteten alle in einer einräumigen Hütte in unseren Hängematten, und anstatt zu schlafen, plauderten wir bis tief in die Nacht hinein. Endlich fiel einer nach dem andern in Schlaf, und ich war der einzige, der noch weiter sprach. Immer, wenn ich aufhörte, um endlich einzuschlafen, sagte mein Nachbar: ,Wieso, Jim? Warum?' Und wie ein Idiot sprach ich immer weiter, erzählte weitere Details — bis ich hörte, daß er längst schon schnarchte. Erst dann wurde mir klar, daß mein Freund mich angeführt hatte: er wollte lediglich sehen, wie lange ich weitersprechen würde!»

Wir bogen uns vor Lachen.

«Und nun wurde mir endlich klar», fuhr Jim fort, «daß ich auf diesem Wege meine erste Lebensversicherung gekauft hatte. Ich weiß nicht, ob es dir damals aufgefallen ist, Frank; doch als du mich anriefst, gab ich dir die gleiche Antwort, die ich bis dahin *allen* anderen Versicherungsagenten gegeben hatte. Ich sagte: Ich glaube nicht an Lebensversicherungen!

Anstatt mir nun lange Erklärungen abzugeben, so wie es die anderen Versicherungsleute getan hatten, fragtest du lediglich: Warum? Als ich anfing, meine Gründe zu erklären, hast du mich ständig ermuntert, weiterzusprechen: Wieso, Mr. Walker? Warum? — Und je länger ich sprach, um so mehr wurde mir klar, daß ich eigentlich im Unrecht war. Schließlich überzeugte ich mich *selbst* davon! Du hast mir nichts verkauft, sondern ich selbst habe mir diese Versicherung verkauft. Doch das alles habe ich erst nach jener Nacht in Skyland realisiert.

Und nun, Frank, das Pünktchen aufs i ist, daß ich seither von meinem Büro aus per Telefon *mehr* Holz verkauft habe als je zuvor, einzig und allein durch die kleine Frage: Warum? — Und das wollte ich dir erzählen, falls du noch nicht entdeckt hast, *wie* du mir meine erste Police verkauft hast.»

Jim Walker ist einer der erfolgreichsten Holzhändler in Philadelphia und ein sehr beschäftigter Mann. Ich blieb ihm immer dankbar dafür, daß er sich die Mühe genommen hatte, mir diese Geschichte zu erzählen und ich dadurch die Bedeutung des kleinen Wörtchens «Warum» erkannte. Ich fürchte nur, daß viele Verkäufer Bedenken haben, es zu gebrauchen.

Ich erzählte diese Geschichte auch vor Jahren anläßlich meiner Vortragskurse, und ich hatte Gelegenheit, mit vielen Verkäufern zu sprechen, die gleich am anderen Tag anfingen, das Wörtchen

«Warum?» zu gebrauchen, und denen es eine große Hilfe bedeutete. Hier nur ein Beispiel: In Tampa erklärte mir ein Maschinenverkäufer, der an unserem Kurs teilnahm: «Mr. Bettger, als Sie gestern abend über das Wörtchen ‚Warum?' sprachen, war ich der Ansicht, ich würde nicht den Mut finden, es anzuwenden. Doch heute morgen betrat ein Mann unser Geschäft und wollte den Preis einer großen Maschine wissen. Ich sagte, daß die Maschine 27 000 Dollar koste. Er antwortete: Das ist zuviel Geld für mich. Ich: Wieso? Er: Weil sich die Maschine nie bezahlt machen würde! Ich: Wieso? Er: Glauben Sie wirklich, sie würde es? Ich: Warum nicht? Die Maschine hat sich bei allen ihren Käufern glänzend bewährt. — Und trotzdem wäre sie mir zu teuer, antwortete er. Und wieder fragte ich: Warum? — Jedesmal, wenn er einen neuen Einwand machte, fragte ich: Wieso? — Dann ging er dazu über, mir seine wahren Gründe darzulegen, und ich ließ ihn reden. Er sprach so viel, daß ihm langsam klar wurde, daß sich seine Argumente nicht aufrechterhalten ließen, und schließlich kaufte er die Maschine. Noch nie habe ich einen so raschen Verkauf abgeschlossen. Doch ich weiß, daß es mir nie gelungen wäre, wenn ich das übliche, langatmige Verkaufsgespräch geführt hätte.»

Ein anderes Beispiel: Der verstorbene S. Hershey, der zu Beginn seiner Laufbahn mit einem Eiswägelchen durch die Straßen gezogen war und der später mit seinen Chocolate-Bars Millionen verdient hat, war der Ansicht, das Wörtchen «Warum?» sei so wichtig, daß er sein ganzes Leben darauf einstellte! Das tönt übertrieben, doch die folgenden Tatsachen beweisen es:

Milton S. Hershey erlitt drei Mißerfolge, bevor er vierzig Jahre alt war. «Warum?» fragte er sich selbst, «warum haben andere Erfolg und ich nicht?» Lange und ernsthaft dachte Hershey darüber nach, bis er zu folgendem Schluß kam: «Ich machte mich an die Dinge, bevor ich alle Tatsachen kannte.» Von diesem Tag an bis zu seinem Tod im 88. Lebensjahr blieb S. Hershey der Philosophie des Wörtchens «warum?» treu. Wenn jemand sagte: «Das geht nicht, Mr. Hershey!» dann fragte er: «Wieso? Warum nicht?» Und er fuhr fort zu fragen, bis er alle Gründe kannte. Dann sagte er: «Und nun muß einer von uns die Antwort geben!»

Ist das nicht genau dasselbe, was Elliot Hall in New York als seinen Fehler beim Verkauf geschildert hatte? Er schoß los, bevor er alle Tatsachen kannte. Das ist ein Teil der großen Lektion, die er mir erteilt hat.

Im nächsten Kapitel berichte ich von zwei Gesprächen, die zeigen, wie man sich durch das Wörtchen «Warum?» die Tatsachen beschaffen kann. Ferner komme ich darauf zu sprechen, wie ich lernte, das Wörtchen «Warum?» in Verbindung mit einer anderen, üblichen Redewendung zu gebrauchen, die erstaunliche Resultate hervorbrachte.

Wie ich versteckten Widerstand ausfindig mache

Ich machte einmal eine Statistik über 5000 Kundenbesuche, um herauszufinden, *warum* jemand kauft und warum jemand nicht kauft. In 62 Prozent aller Fälle war der zuerst angegebene Einwand *nicht* der wahre Grund. Ich fand heraus, daß mir die Kunden nur in 38 Prozent aller Fälle den wirklichen Grund zuerst angegeben hatten.

Warum ist dem so? Wie kommen anständige, sonst absolut ehrliche Leute dazu, Vertretern gegenüber ganz falsche Gründe anzugeben und sie dadurch irrezuführen? Das wurde mir lange nicht klar.

Der verstorbene J. Pierpont Morgan sen., einer der scharfsinnigsten Geschäftsleute der Geschichte, sagte einst: «Man hat gewöhnlich *zwei Gründe*, etwas zu tun: einen, der gut aussieht, und einen zweiten, wirklichen!» Meine vieljährige Statistik bewies die Wahrheit dieser Behauptung. Daraufhin machte ich mich an die Arbeit, um einen Weg zu finden, der mir helfen sollte, abzuklären, ob mir jemand den wahren Grund oder nur einen, «der gut aussieht», vorbrachte. Zufällig stieß ich auf eine kleine Redewendung, die erstaunliche Resultate erzeugte, und die mir buchstäblich Tausende von Dollars einbrachte. Es ist eine sehr gebräuchliche Redewendung, und darin liegt gerade ihre Stärke. Sie lautet: «Und sonst noch . . .» oder «Und außerdem . . .» Lassen Sie mich die Anwendung dieser Worte erklären:

Schon seit vielen Jahren hatte ich versucht, bei einem großen Teppichkonzern, der von drei Persönlichkeiten geleitet wurde, Versicherungen zu plazieren. Zwei der leitenden Männer waren von meiner Idee eingenommen; der dritte, ein alter und halbtauber Mann, war dagegen. Jedesmal, wenn ich mit ihm die Angelegenheit besprechen wollte, verschlimmerte sich seine Taubheit dermaßen, daß er kein Wort verstehen konnte!

Als ich eines Morgens mein Frühstück einnahm, las ich in der Zeitung, daß dieser Teilhaber plötzlich gestorben sei. Verständlicherweise war mein erster Gedanke: «Jetzt gibt es ein sicheres Geschäft!»

Einige Tage später läutete ich dem Präsidenten der Gesellschaft an und traf eine Verabredung. Schon früher hatte ich mit ihm bedeutende Geschäfte abgeschlossen. Als ich in der Fabrik ankam und sein Büro betrat, fiel mir sofort auf, daß er nicht so guter Laune war wie üblich.

Ich setzte mich und er blickte mich an. Ich tat dasselbe. Schließlich sagte er: «Ich nehme an, Sie möchten die Rückversicherung zur Sprache bringen.»

Ich lächelte ihn freundlich an, doch auf seinem Gesicht zeigte sich auch nicht der Schimmer eines Lächelns. «Nun», sagte er, «wir haben nicht im Sinn, irgend etwas zu unternehmen.»

«Wieso?» fragte ich.

«Nun, wir wollen einfach nicht.»

«Würde es Ihnen etwas ausmachen, mir den Grund zu erzählen, Bob?» fragte ich.

«Weil wir Geld verlieren», sagte er. «Wir arbeiten seit einem Jahr mit Verlust. Würden wir diese Versicherung abschließen, so könnten wir dafür jährlich 8000 oder 10 000 Dollar dazulegen, nicht?»

«Das stimmt», gab ich zu.

«Nun gut, wir haben uns fest entschlossen, nicht mehr Geld als unbedingt nötig auszugeben, bis wir die Krise überwunden haben.»

Nach einigen Augenblicken des Schweigens sagte ich: «Bob, sind *außerdem* nicht noch *andere* Gründe vorhanden? Gibt es nicht noch *andere* Motive, die Sie daran hindern, den Versicherungsplan abzuschließen?»

Bob: (ein leichtes Lächeln zeigte sich auf seinem Gesicht) «Nun ja, ich habe noch etwas anderes im Sinn.»

Ich: «Würde es Ihnen etwas ausmachen, mir zu sagen, *um was es sich handelt?*»

Bob: «Es handelt sich um meine beiden Söhne. Sie haben eben ihre höheren Schulen beendet und arbeiten nun in unserer Fabrik. Täglich sind sie von acht bis fünf Uhr an der Arbeit. Glauben Sie, ich sei so einfältig, eine Versicherung einzugehen, die nach meinem Tode meine Teilhaberschaft ausschaltet? Was würde mit meinen beiden Söhnen geschehen? Man könnte sie von einem Tag auf den anderen auf die Straße stellen. Oder nicht?»

Das war es! Der erste Einwand wurde nur vorgebracht, weil er «gut aussah» und nun, da ich den *wahren* Grund kannte, blieb mir eine Chance. Ich konnte jetzt darlegen, daß es unter diesen Umständen sogar noch wichtiger sei, irgend etwas in dieser Sache zu unternehmen, und wir arbeiteten einen neuen Versicherungsplan aus, der seine beiden Söhne einbezog. Dadurch wurde ihre Stellung absolut gesichert, ganz unabhängig davon, wer zuerst sterben könnte.

Dieser Verkauf allein brachte mir 3860 Dollar ein.

Warum habe ich Bob diese Frage gestellt? Weil ich an seinen Worten zweifelte? Nein! Sein erster Einwand war logisch und glaubhaft, und ich hatte keinen Grund, daran zu zweifeln. In Tat und Wahrheit glaubte ich ihm sogar. Aber durch jahrelange Erfahrung gewitzigt, fühlte ich, daß noch irgend etwas anderes im Spiel war. Meine Statistiken bewiesen das. Und so gewöhnte ich mir an, diese Redewendung ganz unbewußt zu gebrauchen, und wieder einmal bewährte sie sich.

Wenn ich nun den mir entgegengehaltenen Einwand als den *wahren* erkenne, was tue ich dann? Hier ein Beispiel: Eines Tages nahm ich im Union-Club in Philadelphia mit zwei Freunden, Neale NacNeill jun. und Frank R. Davis, den Lunch ein. Neale sagte: «Wir haben dir ein glänzendes Geschäft! Don Lindsay erwähnte gestern, daß er eine Versicherung abschließen wolle. Er verdient momentan viel Geld, und es sollte dir nicht schwer fallen, ihm etwa 50 000 oder 100 000 zu verkaufen, nicht wahr, Frank?»

Mein Namensvetter schien auch von dieser Idee begeistert zu sein und riet mir, gleich am nächsten Morgen vorzusprechen und nicht zu vergessen, die Empfehlung von Neale und ihm selbst zu betonen.

Um 10 Uhr morgens betrat ich Mr. Lindsays Gebäude, eine Fabrik für elektrotechnische Artikel. Ich sagte der Sekretärin, daß ich von Mr. MacNeill und Mr. Davis zu Mr. Lindsay gesandt werde.

Als ich sein Büro betrat, stand Mr. Lindsay in einer Ecke des Zimmers mit einem Ausdruck im Gesicht, der mich an Jack Dempseys Visage erinnerte, wenn er im Ring auf den Gong zum Beginn des Kampfes wartete.

Ich wartete. Doch Mr. Lindsay sagte kein Wort. Dann sagte ich: «Mr. Lindsay, die Herren Neale MacNeill und Frank Davis sandten mich zu Ihnen, weil Sie im Begriffe seien, eine Lebensversicherung abzuschließen.»

«Was zum Teufel ist denn eigentlich das?» schrie Mr. Lindsay mit einer Stimme, die man auf der Straße gehört haben muß. «Sie sind nun der *fünfte* Versicherungsagent, den sie mir innert fünf Tagen auf die Bude gehetzt haben! Wollen sich die Herren eigentlich über mich lustig machen?»

Jedermann wird mein Erstaunen verstehen. Am liebsten hätte ich laut hinausgelacht, doch Lindsays Augen blitzten so wütend, daß ich mich beherrschte. Schließlich sagte ich: «Was haben Sie denn zu den beiden gesagt, daß sie auf solche Gedanken kommen konnten?»

Lindsay brüllte: «Ich erzählte ihnen, daß ich nie im Leben eine Lebensversicherung abgeschlossen hätte, und daß ich überhaupt nichts davon halte!»

Ich sagte hierauf: «Mr. Lindsay, Sie sind ein sehr erfolgreicher Geschäftsmann, und wenn Sie zu diesem Schluß gekommen sind,

104

dann werden Sie Ihre guten Gründe haben. Würden Sie mir sagen warum?»

«Natürlich will ich das», sagte Lindsay, und seine Stimme klang schon wesentlich weniger laut. «Ich habe genug Geld, und wenn mir irgend etwas zustößt, haben meine Frau und meine Tochter ebenfalls genug davon.»

Ich wartete einen Augenblick, wie wenn ich über seine Worte nachdenken würde. Dann sagte ich: «Gibt es *außerdem* nicht noch einen *anderen* Grund, warum Sie nie eine Lebensversicherung abgeschlossen haben?»

Er: Nein, das ist der einzige Grund. Genügt der nicht?
Ich: Darf ich eine etwas persönliche Frage stellen?
Er: Bitte!
Ich: Haben Sie Schulden?
Er: Ich schulde keinem Menschen in der Welt auch nur einen Dollar!
Ich: Wenn Sie aber bedeutende Schulden hätten, würden Sie sich dann entschließen, eine Lebensversicherung abzuschließen, um bei Ihrem Tode diese Schulden zu decken?
Er: Möglich.
Ich: Haben Sie auch schon daran gedacht, daß der Staat — wenn Sie z. B. heute nacht sterben sollten — automatisch Ihr Vermögen sperrt, bis alle Steuerfragen abgeklärt sind? Ihre Frau und Ihre Tochter könnten dann keinen Penny beziehen, bevor diese Steuern bezahlt wären.

Mr. Lindsay kaufte an diesem Tag die erste Lebensversicherung seines Lebens . . .

Am anderen Tag traf ich MacNeill und Davis zum Lunch. Als

ich ihnen erzählte, Lindsay habe eine Versicherung abgeschlossen, machten sie so lange Gesichter, wie ich sie kaum je gesehen hatte. Zuerst wollten sie mir überhaupt nicht glauben. Als sie aber sahen, daß ich sie nicht anführen wollte, kannte ihr Erstaunen keine Grenzen.

«Gibt es *außerdem* noch einen anderen Grund...?» Dieser Satz bringt oft einen anderen Menschen dazu, zugänglicher zu werden und zu sprechen. In Orlando, Florida, besuchte mich eines Morgens im Hotel ein junger Vertreter, der mit einem schwierigen Problem nicht fertig wurde. Vor ungefähr zwei Jahren hatte seine Firma, ein New Yorker Chemiekonzern, ihren besten Kunden in Florida verloren, und es war völlig unmöglich herauszufinden, wieso dies geschehen war. Alles wurde versucht, um wieder ins Geschäft zu kommen, ja sogar der Vizepräsident der Gesellschaft war eigens von New York nach Florida gereist, doch auch ihm gelang es nicht, den Kunden umzustimmen.

«Als ich vor einem Jahr in die Firma eintrat», sagte der junge, vielversprechende Kaufmann, «wurde mir ausdrücklich gesagt, daß es von größter Wichtigkeit sei, diesen Kunden wieder zurückzugewinnen. Regelmäßig habe ich ihn seit einem Jahr besucht, doch die Sache scheint hoffnungslos.»

Ich fragte den jungen Mann über seine Unterredungen mit dem Kunden aus, besonders über seinen letzten Besuch.

«Gerade heute morgen war ich wieder dort», sagte er. «Ich wurde vom Präsidenten, Mr. Jones empfangen, aber ich kam nicht vorwärts. Der Mann wollte nicht sprechen; er saß auf seinem Stuhl und blickte mich gelangweilt an. Als ich aufhörte zu sprechen, herrschte eine peinliche Stille und schließlich stand ich auf und verabschiedete mich verärgert.»

Ich riet ihm, gleich heute nachmittag nochmals vorzusprechen, und Mr. Jones zu sagen, daß er vom Hauptsitz den strikten Auftrag erhalten habe, ihn nochmals zu besuchen. Wir besprachen jedes Wort, und der junge Verkäufer wiederholte mit mir das ganze mutmaßliche Gespräch.

Am späten Nachmittag erhielt ich ein Telefon. Der junge Mann war so aufgeregt, daß er kaum sprechen konnte. «Kann ich Sie sogleich sehen?» fragte er. «Ich habe einen Auftrag von Mr. Jones erhalten, und ich glaube, die ganze Geschichte wird sich aufklären. Unser Direktor aus Atlanta fliegt heute nacht nach Florida!»

Es schien unglaublich, und ich war beinahe so aufgeregt wie er:

«Kommen Sie sofort und erzählen Sie mir alles», sagte ich.

Und hier folgt, was er mir sagte:

«Alles scheint so einfach, daß ich es noch kaum glauben kann. Als ich Mr. Jones Büro betrat, blickte er mich höchst erstaunt an.»

Ich: Mr. Jones, nachdem ich Sie heute früh gesehen hatte, erhielt ich vom Hauptsitz in New York den Auftrag, Sie sofort zu besuchen, um alle Tatsachen und Gründe zu erfahren, die unsere Geschäftsverbindung unterbrochen haben. Unsere Gesellschaft ist davon überzeugt, daß Sie gute Gründe dafür haben. Irgend etwas in unserer Organisation muß nicht geklappt und Sie verärgert haben. Würden Sie nicht die Freundlichkeit haben, es mir zu sagen, Mr. Jones?

Jones: Das habe ich Ihnen bereits gesagt. Ich habe beschlossen, einem anderen Lieferanten eine Chance zu geben. Dieser hat sich sehr gut bewährt, und ich habe keinen Grund, wieder zu wechseln.

Ich: (nach einem Augenblick der Stille) Mr. Jones, gibt es *außer* dieser Tatsache nicht noch einen anderen Grund? (Keine Antwort.)

Ich: Wenn noch irgend etwas anderes im Spiele ist, und wenn Sie sich entschließen können, es mir zu sagen, so können wir es aufklären und aus der Welt schaffen. Glauben Sie nicht, daß es auch für Sie angenehmer wäre, uns eine Chance zu geben? Wenn es uns gelingt, Ihnen den absoluten Beweis zu erbringen, daß es sich um einen völlig unbeabsichtigten Fehler unsererseits gehandelt hat, dann werden auch Sie es begrüßen, wenn wir die Sache in Ordnung bringen können. Sind Sie nicht auch dieser Meinung, Mr. Jones?

(Die alte Geschichte! Mr. Jones blickte aus dem Fenster und sagte kein Wort. Doch diesmal hielt ich das Schweigen länger aus als er. Es entstand eine peinlich lange Pause, aber endlich begann er doch zu sprechen.)

Jones: Nun, wenn Sie es unbedingt wissen wollen: Ihre Gesellschaft hat einen Rabatt, den wir vereinbart hatten, plötzlich nicht mehr in Abzug gebracht, ohne mich davon überhaupt zu informieren. Sobald ich das merkte, machte ich Schluß!

Das also war der *wahre* Grund!

Und was geschah? Der junge, tüchtige Verkäufer verlor keine Zeit. Er dankte Mr. Jones verbindlich für seine Mitteilung und rannte zur nächsten Telefonstation, um seine Firma in Atlanta anzurufen. Dort überflog man die Rechnungen und Belege und setzte sich dann mit dem Hauptsitz in New York in Verbindung. Die Prüfung ergab, daß Mr. Jones guten Grund hatte, zu glauben, man habe ihm den abgemachten Rabatt plötzlich nicht mehr gewährt. In Tat und Wahrheit verhielt sich die Sache aber nicht so. Der Vertreter wurde angewiesen, sofort in Mr. Jones Büro zurückzukehren, und als er dort ankam, hatte man Jones per Telefon schon vom wirklichen Sachverhalt unterrichtet. Der Direktor in Atlanta übernahm die volle Verantwortung für seinen Fehler: Er hatte vergessen, Mr. Jones davon zu informieren, daß ab einem bestimmten Zeitpunkt der Konzern nur noch Nettopreise fakturierte, daß also der Rabatt bereits in den Preisen berücksichtigt worden war.

Ich habe lange überlegt, ob ich diese Methode öffentlich publizieren sollte, weil ich befürchtete, man könnte sie als einen schlauen Trick bezeichnen. Ich halte jedoch nichts von Tricks, weil sie mir nie etwas genützt haben. Ich habe es auch probiert, doch ich erntete damit nur Mißerfolg. Und ich bin froh darum! Aus langer Erfahrung weiß ich, daß Tricks im Geschäftsleben immer den kürzeren ziehen. Es geht nichts über absolute Ehrlichkeit, immer und überall.

Kurzfassung:

Erinnere dich an die klugen Worte J. Pierpont Morgans: «Man hat gewöhnlich *zwei* Gründe, um etwas zu tun: einen, der gut aussieht, und einen anderen, wirklichen!»

Die beste Methode, den *wahren* Grund ausfindig zu machen, liegt in den beiden kleinen Fragen: «Warum?» und «Gibt es außerdem nicht noch...?»

Die vergessene Wunderformel der Verkaufskunst

Vor einigen Jahren machte ich zusammen mit Dale Carnegie eine sechsmonatige Vortragsreise. An fünf Abenden in der Woche hielten wir mit mehreren hundert Personen Zusammenkünfte ab, alles Leute, die ihre Fähigkeit mit anderen zu verhandeln und umzugehen, verbessern wollten, darunter Stenotypisten, Lehrer, leitende Angestellte, Gewerbetreibende, Vertreter und Verkäufer.

Ich war vorher noch nie auf einer Vortragstournee gewesen, und das neue Erlebnis fesselte mich über alle Maßen. Als ich wieder nach Hause zurückkehrte, brannte ich auf zwei Dinge: Einmal wollte ich unverzüglich meine Arbeit wieder aufnehmen, und zweitens hatte ich das Bedürfnis, allen Leuten von meiner Vortragsreise zu erzählen.

Der erste Kunde, den ich besuchte, war der Leiter einer Milchprodukte-Gesellschaft. Schon früher hatte ich bedeutende Geschäfte mit ihm abgeschlossen, und er schien sehr erfreut, mich wieder zu sehen. Als ich ihm gegenübersaß, offerierte er mir eine Zigarette und sagte: «Nun, Frank, erzähle mir alles über deine Vortragsreise!»

«All right, Jim», gab ich ihm zur Antwort, «aber zuerst möchte ich wissen, wie es dir geht? Wie geht es deiner Frau? Und wie läuft das Geschäft?»

110

Interessiert hörte ich ihm zu, als er von Geschäft und Familie erzählte. Später berichtete er mir über eine Pokerpartie, die er mit seiner Frau am vorhergehenden Abend besucht hatte. Es wurde «Roter Hund» gespielt, ein Spiel, das mir völlig unbekannt war, und ich muß gestehen, daß ich ihm viel lieber von meiner Vortragsreise etwas erzählt hätte. So aber hörte ich ihm aufmerksam zu und lachte mit ihm, als er mir das Spiel erklärte und darlegte, wieviel Vergnügen es bereiten könne. Kurz und gut: Jim schien es großes Vergnügen zu machen, mich zu unterhalten, und als ich mich zum Gehen bereit machte, sagte er: «Frank, wir haben die Absicht, den Oberaufseher unserer Fabrik zu versichern. Was würde eine Lebensversicherung von 25 000 Dollar kosten?»

Obschon ich keine Möglichkeit erhielt, über mich selbst zu sprechen, hatte ich doch einen hübschen Auftrag in der Tasche, den eigentlich irgendein anderer Versicherungsagent für mich vorbereitet, dabei aber vermutlich zuviel über sich selbst gesprochen hatte.

Dieses Erlebnis lehrte mich etwas Neues: *Wie wichtig es ist, ein guter Zuhörer zu sein,* indem man wirklich aufrichtiges Interesse nimmt an dem, was der andere zu sagen hat, und indem man ihm alle Aufmerksamkeit und Achtung entgegenbringt, nach der jeder Mensch hungert, weil sie ihm so selten gewährt werden.

Versuche darum, dem Gesprächspartner interessiert in die Augen zu blicken (selbst wenn es die eigene Frau wäre!), und es wird sich eine Wandlung vollziehen — nicht nur bei deinem Gesprächspartner, sondern auch bei dir selbst!

Das alles ist nicht neu. Cicero sagte vor 2000 Jahren: «Schweigen ist eine große Kunst, und im Schweigen kann eine große Beredsamkeit liegen.» Aber das Zuhören wurde eine vergessene Kunst. Gute Zuhörer sind selten geworden.

Ein nationaler Verkäuferverband schrieb kürzlich in einer Mitteilung an alle seine Mitglieder:

Wenn Sie das nächstemal einen Film ansehen, dann beachten Sie, *wie* die Schauspieler einander zuhören. Nur meisterhafte Zuhörer können große Schauspieler werden. Die Worte des Sprechenden müssen sich im Gesicht des Zuhörers widerspiegeln, und der Zuhörer kann dem Sprechenden eine eigene Szene abringen, wenn er es versteht, richtig zuzuhören. Ein berühmter Regisseur sagte, daß viele gute Schauspieler nie zum Star avancieren, weil sie die Kunst des Zuhörens nie gelernt haben.

Die Kunst des Zuhörens ist aber nicht nur für Schauspieler und Vertreter wichtig, sondern für alle von uns, was immer wir auch unternehmen.

Haben Sie auch schon festgestellt, daß *das,* was Sie vorzubringen hatten, auf andere Menschen keinen großen Eindruck zu machen schien? Immer wieder erlebte ich es, daß mich die Leute wohl verstanden, aber in Wirklichkeit hörten sie gar nicht zu. Das Ergebnis meiner Worte war gleich Null. Ich nahm mir vor, bei nächster Gelegenheit in solchen Fällen einfach mitten im Satz abzubrechen und zu schweigen. Manchmal höre ich sogar mitten im Wort auf zu sprechen.

Einer unserer Vertreter, den wir Al nennen wollen, bat mich, ihn zum inzwischen verstorbenen Francis O'Neill, einem großen Papierindustriellen, zu begleiten. O'Neill begann als Papiervertreter, machte sich dann selbständig und gründete eine der bedeutendsten Papierfirmen des Landes. Außerdem stand er im Rufe eines sehr wortkargen Mannes.

Nach den üblichen Begrüßungsworten bat uns O'Neill, Platz zu nehmen. Ich begann, über das Verhältnis der Staatssteuern zur Industrie zu sprechen, doch O'Neill würdigte mich keines Blickes. Ich konnte sein Gesicht nicht sehen, da er den Kopf gesenkt hielt und irgend etwas auf seinem Pult betrachtete. Ich hatte keine Möglichkeit, festzustellen, ob er mir überhaupt zuhörte. Nach ungefähr drei Minuten unterbrach ich mich mitten im Satz. Es folgte eine fast unerträgliche Stille, während der ich mich im Stuhl zurücklehnte und es mir bequem machte.

Nach ungefähr einer Minute wurde es Al zu viel. Er begann, nervös in seinem Stuhl hin- und herzurutschen. Offenbar befürchtete er, meine Nerven hätten angesichts dieses wichtigen, wortkargen Mannes versagt. Irgendwie wollte er die Situation retten und begann zu sprechen. Wenn es mir möglich gewesen wäre, hätte ich ihn ins Schienbein getreten, so aber konnte ich ihn nur fest anblicken, und als er sich zufällig einmal nach mir umsah, schüttelte ich den Kopf, um ihm zu deuten, er möge aufhören. Glücklicherweise verstand er mich und schwieg.

Und wieder setzte ein peinliches Schweigen ein, das mindestens eine volle Minute dauerte (in Wirklichkeit schien es viel länger!). Endlich hob O'Neill seinen Kopf und blickte uns an. Er sah, daß ich es mir bequem gemacht hatte und auf ihn wartete. Beide sahen wir uns abwartend in die Augen. (Al sagte mir später, daß er noch nie so etwas erlebt habe; er konnte sich einfach nicht mehr vorstellen, was vorging.) Und schließlich brach O'Neill das Schweigen. Ich habe herausgefunden, daß der andere *immer* zu sprechen beginnt, wenn man die Ausdauer hat, lange genug zu warten. Für gewöhnlich sprach O'Neill nur wenige Worte, doch nun sprach er eine volle halbe Stunde. Und so lange er weitersprechen wollte, ermutigte ich ihn, es zu tun.

Als er damit fertig war, sagte ich: «Mr. O'Neill, Ihre Informationen sind mir sehr wertvoll. Wie ich sehe, haben Sie über diese Frage mehr nachgedacht als die meisten anderen Geschäftsleute. Sie sind ein so erfolgreicher Geschäftsmann, dass ich mir nicht einbilde, hierher zu kommen, um Ihnen in einigen Minuten die Lösung eines Problems zu bringen, das Sie seit Jahren beschäftigt. Ich möchte die ganze Frage eingehend studieren. Vielleicht kann ich Ihnen dann einige nützliche Vorschläge machen.»

Was anfänglich höchst unbefriedigend aussah, endete als sehr erfolgreich. Warum? Einzig und allein, weil es gelungen war, den Mann dazu zu bringen, über seine Probleme zu sprechen. Während ich zuhörte, erkannte ich, was er suchte. Einige taktvolle Zwischenfragen brachten mich dem Ziel näher, und zuletzt wußte ich genau, um *was* es hier eigentlich ging. Diese Erkenntnis eröffnete eine Reihe bedeutender Geschäftsabschlüsse.

Wir könnten viel gewinnen, wenn wir jeden Morgen das folgende Gebet aufsagen würden: «Lieber Gott, stehe mir bei, damit ich meinen Mund halten kann, bevor ich weiß, was ich zu sagen habe. Amen.»

Nur allzu oft hätte ich mich selbst ohrfeigen können, weil ich sprach und weiter sprach, obschon man mir gar nicht richtig zuhörte. Aber ich war schon so eingenommen von meiner eigenen Rede, daß ich mit meinem Dickschädel die Unaufmerksamkeit des anderen nicht mehr erkennen konnte.

Sehr oft schwirren im Kopfe eines Menschen eine grosse Anzahl von Gedanken herum, und wenn wir ihm nicht eine Chance geben, sich auszusprechen, erfahren wir nie, was er überhaupt denkt.

Die Erfahrung hat mir gezeigt, daß es gut ist, wenn man immer während der ersten Hälfte des Gesprächs den *anderen* reden läßt. Kommt man dann nachher zum Sprechen, so kennt man bereits mehr Tatsachen und hat eine größere Chance, wirklich angehört zu werden.

Wir alle verabscheuen es, durch irgendein vorwitziges Maul in unserer Rede unterbrochen zu werden, bevor wir ausgeredet haben. Wir alle kennen die Leute, die losplatzen, bevor sie ihre Gedanken geordnet haben, die alles schon viel besser wissen und uns beweisen, daß wir im Unrecht sind, bevor wir uns überhaupt ausgesprochen haben. Bei solchen Gelegenheiten möchte man am liebsten mit einem linken und einem rechten «uppercut» antworten!

Selbst wenn diese Vielschwätzer im Recht sind, gibt man es ungern zu, und oft greift man sogar zu einer Unwahrheit, um sich diese Menschen vom Leibe zu halten. Man geht dann — und kauft die gleiche Ware anderswo, sogar teurer, wenn es sein muß, aber in Ruhe.

In seiner Jugend war Benjamin Franklin so überzeugt von sich selbst, daß er meistens allein sprechen wollte, um aller Welt zu beweisen, daß sie im Unrecht sei. Das dauerte so lange, bis ihn jedermann mied. Ein Quäker nahm sich die Mühe, ihn freundschaftlich auf seinen unverzeihlichen Fehler aufmerksam zu machen, und es gelang ihm, Ben zu überzeugen, indem er verschiedene Beispiele erwähnte. Nach einem halben Jahrhundert, als Franklin 79 Jahre alt geworden war, schrieb er in seiner berühmten Autobiographie die folgenden Worte:

Als ich es erfaßt hatte, daß bei einem Gespräch durch den Gebrauch der Ohren *mehr* Wissen vermittelt wird als durch die Zunge, räumte ich dem *Schweigen* unter allen Fähigkeiten, die ich zu pflegen mir vornahm, den zweiten Platz ein.

Und wie steht es mit dir selbst? Hast du dich nicht schon oft dabei ertappt, eher über das nachgedacht zu haben, was du sagen wolltest, als beim aufmerksamen Anhören deines Gesprächspartners? Ich habe erfahren, daß ich immer dann meine Gedanken verwirrte, wenn ich nicht aufmerksam zuhörte. Dadurch entgingen mir die wichtigsten Dinge und ich kam zu ganz falschen Schlüssen.

Es kommt sogar vor, daß sich andere Menschen durch unsere ungeteilte Aufmerksamkeit so geschmeichelt fühlen, daß sie überborden und uns dazu verhelfen, einige Stunden zu faulenzen. Zum Beispiel bat mich einer unserer Vertreter, zusammen mit ihm George J. de Armond aufzusuchen, einen prominenten Geschäftsmann der Metallbranche. Die Unterredung war auf 11 Uhr vormittags angesetzt. Nach sechs Stunden verließen John und ich völlig erschöpft das Büro de Armonds, um uns in einem Café etwas zu stärken, und unsere brummenden Köpfe zu beruhigen. John war bitter enttäuscht von meinem «Verkaufsgespräch». Tatsächlich wäre es übertrieben, zu sagen, es habe länger als fünf Minuten gedauert.

Die zweite Unterredung war auf 2 Uhr am anderen Tag angesetzt! Diese «Konferenz» wäre um 6 Uhr abends nicht abgeschlossen worden, wenn der Chauffeur unseres Kunden ihn nicht um diese Zeit hätte abholen müssen. Wahrscheinlich wären wir noch die ganze Nacht dort geblieben!

Später stellten wir fest, daß wir lediglich eine halbe Stunde geschäftlich gesprochen hatten; dafür hatten wir während neun Stunden die Lebensgeschichte des alten Mannes angehört, die tatsächlich interessant und spannend war, denn er erzählte uns, wie er mit nichts angefangen hatte, wie er sein Geschäft aufgebaut, Krisen überwunden und mit fünfzig einen Nervenzusammenbruch erlitten hatte. Wie er sich verassoziierte und wieder selbständig machte, und wie es ihm schließlich gelang, eine der bekanntesten Großfirmen des Landes aufzubauen. Wahrscheinlich waren Jahre vergangen, ohne daß er seine Geschichte jemandem erzählen konnte. Er hungerte direkt nach einer solchen Gelegenheit, und während er sprach, geriet er in solches Feuer, daß seine Augen vor Erregung leuchteten und feucht wurden.

Bis dahin hatten ihm die meisten Leute anstatt der Ohren ihre Zunge geliehen. Wir taten nichts anderes, als diesen Zustand einmal auf den Kopf zu stellen — und der Lohn blieb nicht aus. Wir versicherten seinen fünfzig Jahre alten Sohn J. Keser de Armond.

Der berühmte Prediger, Schriftsteller und Journalist Dr. Newton sagte: «Kürzlich saß mir eine Frau gegenüber, die mich mit einem Redeschwall überschüttete. Sie war beinahe taub und konnte kaum eines meiner Worte verstehen. Ihre Geschichte war traurig und herzerweichend, und sie erzählte sie bis in alle Einzelheiten. Noch selten habe ich eine so traurige Geschichte gehört.

,Sie haben mir sehr viel geholfen', sagte sie schließlich. ,Ich mußte es einfach jemandem erzählen, und Sie waren so liebenswürdig, mich anzuhören.'

Tatsächlich hatte ich kaum ein Wort gesprochen», sagte Dr.

Newton, «und ich zweifle daran, daß sie überhaupt etwas davon verstanden hat. Aber ich nahm Anteil an ihrer Einsamkeit und an ihrem Kummer — und das erleichterte ihre Bürde. Als sie ging, schenkte sie mir ihr freundliches Lächeln.»

Dorothy Dix, eine der bekanntesten Journalistinnen der Welt, war ganz im Recht, wenn sie schrieb: «Der schnellste Weg zur Popularität besteht darin, daß man jedermann sein Ohr statt der Zunge leiht. Nichts klingt für einen anderen Menschen so interessant wie das, was er einem selbst mitteilen möchte. Und alles, was not tut, um in den Ruf eines glänzenden Gesellschafters zu kommen, besteht in den Worten: Wie interessant! Erzählen Sie mir noch mehr!»

Ich gebe mir keine Mühe mehr, ein glänzender Gesellschafter zu sein; aber ich bemühe mich sehr, ein guter Zuhörer zu werden. Ich habe festgestellt, daß Menschen, die sich in dieser Richtung Mühe geben, überall willkommen sind.

Zusammenfassung des 2. Teils

1. Das wichtigste Gesetz des Verkaufs heißt: Herausfinden, was der andere will, und ihm dann helfen, es zu erreichen.

2. Wenn du ins Goal treffen willst, dann erinnere dich an den weisen Rat Dale Carnegies: «Es gibt zwischen Himmel und Erde nur einen Weg, einen Menschen zu veranlassen, etwas zu tun: Man muß ihn dazu bringen, daß er es tun *will!* Vergiß es nicht, das ist der einzige Weg!»
Wenn man einem Menschen zeigt, was er will, dann wird er Himmel und Erde in Bewegung setzen, um es zu erreichen.

3. Pflege die Kunst des Fragens. Nicht Behauptungen und Argumente, sondern Fragen können den Weg zum Verkauf ebnen oder dazu dienen, andere Menschen für unsere eigene Denkweise zu gewinnen. Erkundige dich lieber, statt anzugreifen.

4. Suche und finde den Angelpunkt des Interesses, den verwundbarsten Punkt — dann aber bleibe dabei!

5. Lerne das wichtigste Wort eines Verkaufsgesprächs meisterhaft zu benutzen, die Frage «Warum?». Erinnere dich daran, daß Milton S. Hershey, der dreimal Mißerfolg hatte, bevor er vierzig war, diesem Wörtchen eine so große Bedeutung beimaß, daß er es zum Leitstern seines Lebens erhob.

6. Um den versteckten, wahren Grund einer Ablehnung zu finden, erinnere dich stets an die Worte J. Pierpont Morgans: «Man hat gewöhnlich zwei Gründe, eine Sache zu tun: einen,

der gut aussieht, und einen anderen, wirklichen.» Bei zwei Gründen steckt meistens noch etwas anderes dahinter. Stelle darum immer die beiden Fragen «Warum?» und «Gibt es außerdem noch . . .?». Versuche einmal, diese beiden Fragen während einer Woche konsequent anzuwenden. Das Resultat wird dich in Erstaunen setzen.

7. Erinnere dich an die vergessene Kunst des Zuhörens. Sei ein *guter* Zuhörer! Zeige deinem Partner, daß du wirklich ehrlich an seinen Worten interessiert bist, schenke ihm deine ganze, ungeteilte Aufmerksamkeit, nach der jedermann hungert, die aber so selten gewährt wird. Das ist eine der wichtigsten Methoden, um im Verkauf Erfolg zu haben. Das Resultat grenzt ans Wunderbare.

3. TEIL

Sechs bewährte Ideen,
das Vertrauen anderer zu gewinnen
und zu erhalten

Wie man Vertrauen gewinnt

Als ich mit meiner Verkaufstätigkeit begann, hatte ich das Glück, unter die Aufsicht von Karl Collings gestellt zu werden, der vierzig Jahre zu den besten Verkäufern unserer Gesellschaft zählte.

Mr. Collings größter Vorteil war seine außerordentliche Fähigkeit, das Vertrauen anderer zu gewinnen. Sobald er sprach, hatte man das Gefühl, einem Manne gegenüberzustehen, dem man vertrauen konnte; hier war einer, der sein Geschäft verstand und auf den man sich verlassen konnte. Das fiel mir schon auf, als ich ihn zum ersten Male traf; später lernte ich auch, *warum* es so war.

Ein vielversprechender Kunde hatte mir gesagt, ich möchte nach dem Ersten des kommenden Monats wieder vorsprechen, vielleicht werde er etwas unternehmen. Ich aber hatte Hemmungen, ihn zu besuchen, denn zu jener Zeit hatte ich nichts als Mißerfolge und trug mich mit dem Gedanken, den Beruf überhaupt aufzugeben. Da bat ich Mr. Collings, mit mir zusammen den Kunden aufzusuchen. Mit einem verständnisvollen Blick auf mein besorgtes Gesicht sagte er: «Abgemacht — ich komme!»

Collings brachte den Verkauf ohne Mühe zustande. Ich war begeistert und rechnete meine Provision aus: 259 Dollar! Doch nach einigen Tagen erlitt ich eine schwere Enttäuschung. Auf Grund des ärztlichen Untersuchungsberichtes wurde der Kontrakt nur mit gewissen Einschränkungen bewilligt.

«Ist es unbedingt nötig, daß wir ihm das sagen?» sagte ich zu Collings. «Schließlich weiß er es nicht, wenn *wir* es ihm nicht mitteilen!»

«Aber *Du* weißt es! Und *ich* weiß es auch!» antwortete Mr. Collings ruhig und bestimmt.

Als wir dem Kunden wieder gegenübersaßen, sagte Mr. Collings: «Ich könnte Ihnen nun sagen, daß diese Police *normal* ist, das ist aber nicht wahr.» Und dann erklärte Collings dem Kunden genau den Unterschied zwischen einer normalen Police und den bei seinem Kontrakt vorgesehenen Vorbehalten. Als er fertig war, blickte er den Mann offen an und sagte: «Trotzdem glaube ich, daß diese Versicherung Ihnen *den* Schutz gewährt, den Sie brauchen, und ich würde es begrüßen, wenn Sie sich die Sache ernsthaft überlegen würden.»

Ohne sich einen Augenblick zu besinnen, sagte der Kunde: «Ich schließe ab» — und gleichzeitig zeichnete er einen Scheck für die ganze Jahresprämie.

Jetzt wurde mir klar, warum die Leute Karl Collings so viel Vertrauen entgegenbrachten. Dieses praktische Beispiel half mir mehr als einhundert Ratschläge. Er verdiente Vertrauen!

«Er nicht — aber *ich* weiß es!» Das zeigte mir den wahren Charakter Karls. Nie habe ich die hohe Bedeutung dieser einfachen Worte vergessen. Immer, wenn ich mutlos wurde, habe ich neues Vertrauen aus dieser Philosophie geschöpft. Es kommt nicht darauf an, ob der *andere* etwas kennt, sondern ob du selbst es weißt!

Es gab eine Zeit, da ich folgende Notiz in meiner Tasche herumtrug und sie las, bis ich sie ganz in mich aufgenommen hatte:

Der beste und klügste Verkäufer ist immer der, welcher offen die Wahrheit über seinen Artikel sagt. Er kann seinen Kunden in die Augen sehen und seine Geschichte vorbringen — und das macht immer Eindruck. Auch wenn er beim ersten Besuch nichts verkauft, läßt er eine Atmosphäre des Vertrauens zurück. Nie kann ein Kunde ein zweites Mal durch einen noch so gewandten Verkäufer gewonnen werden, wenn er das erste Mal nicht die Wahrheit gesagt hat. Nicht der schlaueste Verkäufer, sondern der ehrlichste macht am Ende das Geschäft. In seinen Augen, in seinem Wesen und in seiner Art zu sprechen, liegen die Dinge, die Vertrauen schaffen oder zerstören. Absolute Ehrlichkeit und Offenheit bewähren sich immer.

George Metthew Adams.

Jeder Verkäufer wird großen Gewinn erzielen, wenn er den folgenden Leitsatz befolgt:

«In allen meinen Beziehungen zu meinen Kunden lasse ich mich davon leiten, mir jederzeit und überall die größte Mühe zu geben, die besonderen Umstände jedes Kunden zu erfassen und ihm so zu dienen, wie ich — unter den gleichen Verhältnissen — auch bedient werden möchte.»

Das oberste Gesetz, Vertrauen zu gewinnen und zu erhalten heißt:

Vertrauen verdienen!

Wie mir ein großer Arzt eine wertvolle Erfahrung vermittelte,
um das Vertrauen anderer zu gewinnen

Vor einigen Jahren kam ich an einem Samstagabend in Dallas, Texas an. Ich litt an einer infektiösen Halsentzündung und war so heiser, daß ich kaum sprechen konnte. Und am kommenden Montagabend sollte ich mit einer fünftägigen Vortragsreihe beginnen! Man rief einen Arzt, der mich sofort behandelte; doch am anderen Morgen fühlte ich mich noch schlechter als zuvor. Es schien mir ganz unmöglich, am Montag die Vorträge zu beginnen.

Jemand empfahl mir Dr. O. M. Marchmann. Er kam, untersuchte mich, und erklärte, die Diagnose des ersten Arztes sei völlig unrichtig. Ich würde ohne weiteres meine Vorträge halten können!

Bei der Behandlung fragte mich Dr. Marchmann, wo ich zu Hause sei. Als ich den Namen Philadelphia nannte, leuchteten seine Augen auf. «Dann kommen Sie also vom medizinischen Zentrum der Welt!» sagte er. «Ich verbringe jeden Sommer meine sechs Ferienwochen dort, um medizinische Vorträge zu hören und Kliniken zu besuchen.»

Da war also ein Arzt, der eine der besten und größten Praxen im Südwesten besaß, der bereits sechsundsechzig Jahre zählte, und der sich dermaßen für die neuesten Entwicklungen und Entdeckungen der ärztlichen Wissenschaft interessierte, daß er jedes Jahr seine sechswöchigen Ferien damit verbrachte, Spitäler zu besuchen und Vorlesungen zu hören! Ist es ein Wunder, daß dieser Arzt als der beste Hals-, Nasen- und Ohren-Spezialist in Dallas, Texas, angesehen wird?

Frank Taylor, Einkaufschef einer Autofirma, sagte mir vor Jahren: «Ich schätze es, mit einem Verkäufer Geschäfte zu tätigen, der seine Sache kennt, der genau weiß, was er zu verkaufen hat, was mir nützlich sein kann, und der weder meine noch seine Zeit unnütz verschwendet. Ich schätze Verkäufer mit guten und nützlichen Ideen, Verkäufer, die mir zeigen, wie ich bessere Ware oder mehr Ware zum gleichen Preis kaufen kann wie bisher. Solche Verkäufer helfen mir, meine Arbeit zur Zufriedenheit meiner Arbeitgeber auszuführen. Ich versuche immer, einen Verkäufer, der in bezug auf seine Ware absolut ehrlich ist, und der sowohl ihre Vor- und Nachteile nennt, zu fördern. Mit solchen Leuten habe ich noch nie das geringste Mißverständnis gehabt.»

In den Zeiten, da ich um Erfolg kämpfte, waren außer mir sechzehn andere Vertreter in unserer Agentur in Philadelphia tätig. *Zwei* davon brachten ungefähr 70 Prozent aller Aufträge herein, und es war kein Wunder, daß diese beiden «Kanonen» stets von den anderen Vertretern umlagert waren. Ich selbst habe wahrscheinlich den größten Nutzen aus ihren Kenntnissen geschlagen. Es fiel mir auf, daß diese beiden Spitzenreiter immer am besten über alles informiert waren. Eines Tages fragte ich einen davon, wo er sich eigentlich seine Informationen beschaffe. Er antwortete: «Ich besuche Kurse, wo ich auf alle wichtigen Fragen eine Antwort erhalten kann, und ich lese die besten Zeitungen und Fachzeitschriften.»

«Woher nimmst du die Zeit, um das alles zu studieren und zu lesen?» fragte ich.

«Ich nehme sie mir!»

Diese Antwort beschämte mich. Ich überlegte: «Wenn *er* Zeit dazu hat, kann ich es auch, denn seine Zeit ist zehnmal soviel wert wie die meine.» Ich verpflichtete mich für einen Kurs, den er mir empfohlen hatte, und zahlte jeden Monat das Kursgeld. Kurz darauf brachte ich ein Geschäft zum Abschluß, das mir nie gelungen wäre, wenn ich den Kurs nicht besucht hätte. Ich war so begeistert davon, daß ich einem anderen Vertreter unserer Gesellschaft dringend empfahl, den Kurs auch zu besuchen. Aber er gab mir zur Antwort: «Das kann ich mir nicht leisten!» Kurz darauf, als ich eine Straße überquerte, wurde ich fast von einem mächtigen, blitzenden Auto überfahren. Im letzten Augenblick erkannte ich den Fahrer: es war mein Kollege, der mir am Tage zuvor erklärt hatte, er könne sich die achtundvierzig Dollar für den erwähnten Kurs nicht leisten. Vielleicht wird er sich bald seinen schönen Wagen auch nicht mehr leisten können ...

Überall, wo immer ich einer Versammlung von Verkäufern und Kaufleuten beiwohnte, konnte ich feststellen, daß die führenden Köpfe wirklich ihr Geschäft von Grund auf verstehen.

Billy Rose schrieb: «Wir leben im Jahrhundert des Spezialisten. Charme und gute Manieren sind wohl fünfzig Dollar in der Woche wert; alles, was *darüber* liegt, steht in direkter Beziehung zu den Spezialkenntnissen, die sich im Kopf eines Mannes befinden.»

Wie lange müssen wir weiterlernen? Dr. O. M. Marchmann war damals sechsundsechzig Jahre alt, und er dachte nicht daran, damit aufzuhören. Henry Ford sagte: «Jeder, der aufhört zu lernen, ist alt — sei er nun zwanzig oder achtzig; jeder aber, der weiterlebt, bleibt jung. Nichts im Leben geht über einen Geist, der sich jung erhält.»

Wenn dir daran liegt, Selbstvertrauen *und* das Vertrauen anderer zu gewinnen, dann denke an die folgende Regel:

Kenne dein Geschäft
und informiere dich ständig über Neues!

Der schnellste Weg, Vertrauen zu gewinnen

Durch das folgende Interview lernte ich, wie man auf dem schnellsten Weg Vertrauen gewinnt. Es spielte sich im Büro des verstorbenen A. Conrad Jones ab. Mr. Jones kannte mich nicht, und bald war mir auch klar, daß ihm meine Gesellschaft praktisch unbekannt war. Das Gespräch begann wie folgt:

Ich: Mr. Jones, bei welchen Gesellschaften sind Sie schon versichert?

Jones: Bei der «New York Life», der «Metropolitan» und bei «Provident».

Ich: Da haben Sie also die besten ausgesucht!

Jones: (offensichtlich erfreut) Tatsächlich?

Ich: Es gibt keine besseren in der Welt!

Ich fuhr dann fort, ihm einige Tatsachen über seine Versicherungsgesellschaften zu erzählen, alles vorteilhafte Einzelheiten, die diese Gesellschaften im besten Licht zeigten. Zum Beispiel erwähnte ich, daß die «Metropolitan» die größte Gesellschaft der Welt sei und über eine so glänzende Organisation verfüge, daß es Orte gäbe, wo jeder Mann, jede Frau und jedes Kind bei ihr versichert seien.

Langweilte ich ihn damit? Keineswegs! Er hörte mir interessiert zu, da ich ihm Details erzählte, die ihm völlig unbekannt waren, ja ich stellte sogar fest, daß er stolz darauf war, sein Geld bei so guten Gesellschaften angelegt zu haben.

Hat mir diese ehrliche Anerkennung meiner Konkurrenz geschadet? Hören wir zu, wie sich das Geschäft entwickelte:

Als ich meine günstigen Bemerkungen über seine Gesellschaften abschloß, sagte ich: «Es gibt *drei* große Gesellschaften in Philadelphia, die ,Provident', die ,Fidelity' und die ,Penn Mutual'. Alle drei gehören zu den besten des Landes.»

Die Kenntnis meiner Konkurrenz und wie ich von ihr sprach, schienen Mr. Jones sichtlich zu beeindrucken. Indem ich meine eigene Gesellschaft in Verbindung mit anderen, ihm bekannten Versicherungen nannte, stellte ich sie in die gleiche Linie, so daß der Kunde eher geneigt wurde, sie als gleichwertig anzuerkennen.

Ich versicherte A. Conrad Jones persönlich, und im Laufe weniger Monate schloß seine Gesellschaft vier weitere Lebensversicherungen für ihre wichtigsten Direktoren ab. Als mich der Präsident der Gesellschaft, Henry R. Lippincot, bei einer Konferenz über meine Gesellschaft befragte, bei der alle neuen Versicherungen abgeschlossen wurden, kam mir Mr. Jones zuvor und erzählte fast wörtlich dasselbe, was ich ihm vor einigen Monaten über die «größten drei Gesellschaften von Philadelphia» mitgeteilt hatte.

Selbstverständlich machte ich das Geschäft nicht nur, weil ich meine Konkurrenz gelobt hatte, doch dies brachte mich in eine Position, von der aus ich den Kampf erfolgreich weiterführen konnte, und mit etwas Glück kam ich zum Abschluß.

Immer wieder habe ich es ausprobiert, und ich glaube sagen zu können, daß die Anerkennung der Konkurrenz eine gute Methode ist, um selbst ins Geschäft zu kommen. Suchen wir nicht in unserem ganzen Leben, sei es privat oder beruflich, das Vertrauen anderer zu gewinnen? Ich glaube, daß es keinen besseren Weg gibt, das Vertrauen anderer zu erwecken und zu halten, als die Befolgung der Regel, die uns einer der größten Diplomaten, Benjamin Franklin, empfohlen hat: «Ich werde von niemandem schlecht reden — aber immer alles Gute über jedermann aussprechen.»

Das dritte Gesetz lautet also:

Anerkenne und lobe die Konkurrenz!

Wie man hinausgeworfen wird

Endlich hatte ich eine Unterredung mit dem Präsidenten der Firma Harrison, Mertz & Emlen erreicht. Einige bedeutende Abschlüsse hingen in der Schwebe.

Mr. Emlen rief seine vier Teilhaber in sein Büro, und als wir uns setzten, hatte ich das bestimmte Gefühl, ich würde bald unverrichteter Dinge wieder abziehen müssen. Aber es kam anders.

Emlen: Mr. Bettger, wir haben keine guten Nachrichten für Sie. Nachdem wir die Angelegenheit genau überprüft haben, sind wir zum Entschluß gekommen, die Abschlüsse mit einem anderen Agenten zu tätigen.

Ich: Würden Sie mir bitte sagen warum?

Emlen: Er hat uns die gleichen Leistungen zu einem billigeren Tarif offeriert.

Ich: Darf ich die Offerte sehen?

Emlen: Wäre das nicht unfair gegenüber dem anderen Agenten?

Ich: Hat er *meine* Vorschläge auch gesehen?

Emlen: Hm . . ., ja . . ., aber nur, weil wir eine Offerte für den gleichen Vorschlag haben wollten . . .

Ich: Würden Sie es mit mir nicht auch so halten? Sie können dabei nichts verlieren, nicht wahr?

Emlen: (seine Teilhaber fragend ansehend) Was halten Sie davon?

Mertz: All right! Was kann es uns schaden!? (Emlen überreichte mir die Offerte. Sobald ich sie überflogen hatte, war mir klar, daß hier etwas nicht stimmen konnte. Das war nicht nur Übertreibung, sondern Irreführung!)

Ich: Darf ich Ihr Telefon benützen?
Emlen: (etwas überrascht) Warum nicht!
Ich: Können Sie mithören, Mr. Emlen?
Emlen: Gewiß!

(Die Verbindung zwischen dem lokalen Büro der Versicherung, deren Offerte wir in den Händen hielten, wurde hergestellt. Mr. Emlen hörte an einem anderen Apparat mit.)

Ich: Hallo, Gil! Hier ist Frank Bettger. Würdest du mir einige Auskünfte geben? Nimm bitte einmal dein Tarifbuch zur Hand!
Gil: All right, Frank, schieß los!
Ich: Schau einmal den Tarif für eure «Spezial-Lebensversicherung» für ein Alter von 46 Jahren nach!

(Gil nannte mir den Tarif; er stimmte genau mit demjenigen der Offerte, die ich in der Hand hielt, überein. Mr. Emlen war 46 Jahre alt.)
Ich: Und wie hoch ist die erste Dividende?

(Gil nannte sie, und auch diese Ziffer stimmte überein.)

Ich: Und nun, Gil, kannst du mir die Dividendenskala für die ersten 20 Jahre nennen?
Gil: Ausgeschlossen, Frank, wir können nur *zwei* Dividenden angeben.
Ich: Wieso?

Gil: Nun, das ist ein neuer Abschluß, und wir können doch die Dividende nicht vorausberechnen.

Ich: Könntest du sie nicht ungefähr abschätzen?

Gil: Auch das nicht, Frank; du weißt, daß das Gesetz Schätzungen zukünftiger Dividenden verbietet!

(Die Offerte in meiner Hand zeigte eine außerordentlich günstige Entwicklung der Dividende für die nächsten zwanzig Jahre.)

Ich: Danke bestens, Gil. Ich hoffe, dir auch einmal einen Dienst erweisen zu können.

Mr. Emlen hatte das ganze Gespräch abgehört. Als wir aufgehängt hatten, gab es eine kleine Pause, während der ich ruhig auf meinem Stuhl saß und ihn anblickte. Zuerst blickte er mich an, dann seine Teilhaber, um dann zu sagen: «Nun, da hätten wir's!»

Ohne Diskussion erhielt ich den Auftrag. Wahrscheinlich hätte die Konkurrenz ihn ohne weiteres erhalten, wenn der Agent bei der Wahrheit geblieben wäre. So aber verlor er nicht nur diesen Abschluß, sondern auch jede weitere Geschäftsmöglichkeit mit dieser Firma. Außerdem verlor er die Achtung vor sich selbst.

Wieso? Weil mir dasselbe vor einigen Jahren auch passierte. Damals war *ich* auf der falschen Seite! Ich geriet in Konkurrenz mit einem Kollegen, und wenn ich bei den Tatsachen geblieben wäre, hätte ich den Auftrag erhalten, denn der Präsident der betreffenden Gesellschaft war mir persönlich günstig gesinnt. Dieses Geschäft hätte damals für mich viel bedeutet. Die Versuchung zu mogeln war zu groß, und ich kalkulierte mit günstigen Dividenden. Meine Offerte kam einem Täuschungsmanöver gleich, doch jemand wurde mißtrauisch und machte bei meiner Gesellschaft eine Rückfrage. Ich verlor das Geschäft, verlor das Vertrauen eines guten Kollegen, verlor die Achtung der Konkurrenz, und das Schlimmste von allem: Ich verlor die Achtung vor mir selbst.

Es war eine bittere Lehre, und ich habe nächtelang darüber nachgegrübelt; ja, es brauchte Jahre, bis ich sie überwunden hatte. Aber im Grunde genommen bin ich froh, daß ich den kürzeren zog, denn dadurch erhielt ich die Bestätigung von Karl Collings Grundsatz: «Ja, aber *ich* weiß es!»

Ich faßte den festen Entschluß, nie mehr etwas zu unternehmen, wozu ich nicht stehen konnte. — Alles andere macht sich schlecht bezahlt.

Wie ich einen unfehlbaren Weg entdeckte,
das Vertrauen eines Menschen zu gewinnen

Man hat mir erzählt, daß für einen Anwalt vor Gericht seine Zeugen von ausschlaggebender Bedeutung sein können. Es ist verständlich, daß Richter und Geschworene immer der Ansicht sind, ein Anwalt sei allzusehr von seiner Sache eingenommen und stelle die Dinge einseitig dar. Gute Zeugen aber haben einen gewaltigen Einfluß auf die Stimmung der Richter und der Geschworenen, und von ihnen hängt es meistens ab, ob der Anwalt das Vertrauen des Gerichts gewinnen kann.

Auch beim Verkauf können «Zeugen» sehr nützlich sein.

Während vieler Jahre legte ich meinen Kunden zusammen mit meinen Vorschlägen immer eine Liste von prominenten Leuten vor, die bei meiner Gesellschaft versichert waren. Ich fand heraus, daß dies sehr nützlich sein konnte. Wenn sich der Moment des Abschlusses näherte, sagte ich gewöhnlich ungefähr die folgenden Worte: «Mr. Allen, es ist nur natürlich, daß ich meine Offerte mit Überzeugung vertrete, und daß ich darüber nur das beste sage. Es wäre mir recht, wenn Sie mit jemandem darüber sprechen würden, der meinen Vorschlag objektiv beurteilt und kein Interesse an einem Geschäft hat. Dürfte ich einen Augenblick Ihr Telefon benützen?»

Dann läutete ich meinem «Zeugen» auf — am besten eine Persönlichkeit, die mein Kunde schon kannte; manchmal handelte es sich sogar um einen Nachbarn und Freund. Es kam sogar vor, daß ich ein auswärtiges Gespräch bestellen mußte — das ist sogar noch wirkungsvoller! (Es ist aber selbstverständlich und unbedingt nötig, daß man diese Gespräche auf seine eigene Rechnung führt, sofort die Telefonistin fragt, was das Gespräch kostet und es unverzüglich bezahlt.)

Als ich diese Methode zuerst ausprobierte, befürchtete ich, der Kunde könnte Einsprache erheben, doch ich täuschte mich. Das Gegenteil war der Fall: die Kunden freuten sich sogar, mit meinem «Zeugen» zu reden, manchmal handelte es sich auch um alte Bekannte, und das Gespräch glitt in ganz andere Bahnen, als ursprünglich beabsichtigt war.

Ich kam ganz zufällig auf diese Idee, fand aber heraus, daß es ein glänzender Einfall ist, seinen «Zeugen» anzurufen. Mit «klugen Antworten», wie man sie in gewissen Lehrbüchern findet, hatte ich nie Erfolg. Sie sehen auf dem Papier ganz gut aus, versagen aber meistens in der Praxis. Außerdem bergen sie die Gefahr langer Diskussionen. Viel besser bewährten sich meine «Zeugen», die ja am Telefon meist schnell erreichbar sind.

Was halten aber meine «Zeugen» von dieser Methode? Es macht ihnen immer Vergnügen, jemandem mit Rat beizustehen. Wenn ich sie später aufsuchte, um ihnen für ihre Auskunft zu danken, habe ich zweierlei erreicht: indem sie meinem neuen Kunden die Vorteile ihrer eigenen Versicherung erklärten, überzeugten sie sich selbst, von mir gut bedient worden zu sein.

Vor einigen Jahren wollte ein guter Freund in seinem Haus eine Ölheizung einbauen lassen. Die verschiedensten Firmen sandten ihm Offerten und Kataloge. In einer dieser Offerten stand: «Beiliegend erhalten Sie eine Liste von Nachbarn, die ihre

Häuser mit unserem Ölbrenner heizen. Wollen Sie nicht einen davon anrufen, um ihn zu fragen, wie er mit unserem Ofen zufrieden ist? Zum Beispiel Mr. Jones, Telefonnummer ...»

Mein Freund ging an den Apparat und telefonierte mit Mr. Jones. Das Ergebnis war eine Bestellung. Obschon die Geschichte vor achtzehn Jahren passierte, erinnert sich mein Freund doch immer wieder an den klugen Hinweis in jener Offerte.

Einige Wochen, nachdem ich einen Verkaufskurs in Tulsa abgeschlossen hatte, erhielt ich den Brief eines Kursteilnehmers, der mir mitteilte, wie er diese Methode mit Erfolg anwandte. Er sagte zu seinem Kunden:

«Mr. Harris, in Oklahoma City gibt es einen Laden von ungefähr der gleichen Größe wie der Ihre. Dieses Geschäft hat im letzten Monat vierzig neue Kunden geworben, indem es den Artikel einführte. Möchten Sie nicht an den Besitzer jenes Ladens einige Fragen stellen?»

«Doch gerne!»

«Darf ich einen Moment Ihr Telefon benutzen?»

«Aber natürlich!»

«Ich stellte die Verbindung her und ließ die beiden Ladeninhaber miteinander sprechen», schrieb der Verkäufer, «und ich fand heraus, daß dies eine der besten Verkaufsideen ist, die ich je vernommen hatte.»

Ein weiteres Beispiel erzählte mir Dale Carnegie:

«Ich suchte in Kanada einen neuen Ferienort, wo ich ein gutes Bett, gute Mahlzeiten und ein gutes Fisch- und Jagdgebiet finden könnte. Kurz nachdem ich an das Verkehrsbüro von New Brunswick geschrieben hatte, erhielt ich Berge von Prospekten und ungefähr dreißig Angebote von den verschiedensten Feriencamps. Nun wußte ich erst recht nicht mehr, wohin ich in die Ferien fahren sollte. Einer dieser Hoteliers schrieb jedoch: ,Möchten Sie nicht diejenigen Leute in New York City anrufen, die schon bei uns zu Gast waren und sie über ihre Ferien etwas ausfragen?'

Da mir der Name eines Mannes auf der beigelegten Referenzliste bekannt vorkam, läutete ich ihn an, und er erzählte mir einen ganzen Roman über das Feriencamp, wie wundervoll es sei und wieviele Vorteile es biete ...

Und selbstverständlich hörte ich auf die Erklärungen eines Mannes, der mir bekannt war, und der auch wußte, was mir gefallen würde. Hier war ein direkter *Zeuge!* Kein anderer Hotelier verhalf mir zu solchen Informationen, keiner gab irgendeine Referenz an, obschon er sicher auch darüber verfügt hätte. Der ,direkte Zeuge' aber hatte mein Vertrauen gewonnen.»

Eigene Zeugen anzuführen, ist eine unfehlbare Methode, das Vertrauen anderer zu gewinnen.

Wie man einen guten Eindruck macht

Vor Jahren wandte sich einer unserer erfolgreichsten Verkäufer an mich und sagte: «Soll ich dich auf etwas aufmerksam machen? Immer, wenn ich dich sehe, muß ich ein Lachen unterdrücken. Du kleidest dich wie eine Vogelscheuche!»

Das war nicht gerade ein Kompliment, doch mein Kollege gehörte zu den hartgesottenen Naturen, die nicht sehr feinfühlig, dafür aber ehrlich sind. Interessiert hörte ich ihm zu, als er fortfuhr: «Du lässest dir die Haare in den Nacken wachsen, so daß sie über den Kragen stehen. Warum läßt du sie nicht schneiden, wie es sich für einen ordentlichen Geschäftsmann gehört? Gehe jede Woche regelmäßig zum Coiffeur und sage ihm, daß du die Haare so gepflegt haben willst, daß sie immer gleich aussehen. Auch hast du keine Ahnung, wie man eine Krawatte bindet! Lasse dich in einem guten Kleidergeschäft einmal beraten! Deine Farbkombinationen sind lächerlich! Rede doch einmal mit einem Fachmann, der dir endlich sagt, wie du dich anziehen mußt!»

«Aber das kann ich mir einfach nicht leisten», wandte ich ein. «Was soll das heißen?» sagte er wegwerfend. «Das kostet dich überhaupt nichts, im Gegenteil, du wirst Geld sparen dabei. Hör einmal zu: Du gehst nun zu Joe Scott, bei Scott & Hunsicker. Sage ihm, daß ich ihn empfohlen habe, und sage ihm auch ganz offen, daß du nicht viel Geld für Kleidung erübrigen kannst, aber er solle dich endlich einmal beraten, wie man sich anständig anzieht. Als Gegenleistung verpflichtest du dich, in Zukunft jedes Kleidungsstück in seinem Geschäft einzukaufen. Das wird Joe gefallen; er wird sich persönlich für deine Kleidung interessieren, er wird das beste für dich aussuchen und dir helfen, Geld zu sparen. Außerdem wirst du mehr Geld verdienen, weil dein Aussehen gewinnen wird!»

Nie wäre ich auf eine solche Idee gekommen, und tatsächlich half mir mein Kollege damit auf den richtigen Weg, gut angezogen zu sein.

Ich ging zu einem guten Coiffeur und sagte ihm, daß ich ihn jede Woche aufsuchen werde, und er möge dafür Sorge tragen, daß meine Haare anständig geschnitten seien und immer gleich aussähen. Die erste Behandlung war teurer als sonst, doch die darauffolgenden waren billiger als zuvor.

Ich suchte Joe Scott auf, und er war mit meinem Vorschlag gerne einverstanden. Kaufte ich einen Anzug, so gab er sich alle erdenkliche Mühe, half mir bei der Auswahl passender Hemden, Krawatten und Socken. Von Zeit zu Zeit unterhielten wir uns über die Art und Weise, sich gut zu kleiden. Ein einziger Rat, den er mir gab, hat mir im Laufe der Jahre viel Geld gespart. Ich hatte die Gewohnheit, einen Anzug so lange zu tragen, bis er aussah, als würde ich darin schlafen. Alsdann gab ich ihn in eine Reinigung. «Reinigen schadet den Kleidern und verkürzt ihre Lebensdauer», erklärte mir Joe Scott. «Man sollte nie einen Anzug länger als einen Tag tragen. Wenn man zwei Anzüge hat, sollte man jeden Tag abwechseln. Nach Gebrauch müssen Kleider und Mäntel an einen guten Bügel gehängt werden, die Hosen müssen sich aushängen können — sie gehören also nicht in den Kleiderbügel gezwängt. Tut man das, so verschwinden die Falten von selbst, und man muß die Kleider meistens überhaupt nicht bügeln, bis man sie chemisch reinigen läßt.»

Als ich über etwas mehr Geld verfügte, erkannte ich, daß man tatsächlich Geld spart, wenn man sich mehrere Anzüge anschafft. So konnte ich jeden Anzug einige Tage hängen lassen, nachdem ich ihn einen Tag getragen hatte.

Mein Freund George Geutin, ein Schuhfachmann, sagte mir, daß sich die gleichen Regeln auch auf die Schuhe anwenden lassen. «Wenn man die Schuhe nach jedem Tag spannt und sie ausruhen läßt, werden sie viel besser in der Form bleiben und viel länger halten.»

Man sagt: «Kleider machen noch keinen Mann», aber sie sind 90 Prozent von dem, was man sieht! Wenn jemand schlampig gekleidet ist, wird man in seine Worte weniger Vertrauen haben. Zudem besteht kein Zweifel, daß sich ein gut gekleideter Mensch wohler und sicherer fühlt und sein Selbstvertrauen dadurch gehoben wird.

Um gut auszusehen, begibt man sich am besten zu einem Fachmann, der sein Handwerk versteht.

Trachte danach, gepflegt auszusehen!

Zusammenfassung des 3. Teils

1. Verdiene dir das Vertrauen anderer! Es ist nicht wichtig, ob der *andere* etwas glaubt, sondern daß du es selbst glaubst!

2. Um Vertrauen in sich selbst zu haben, und um dasjenige anderer zu gewinnen, muß man die folgende Regel beachten: Kenne dein Geschäft — und halte dich fortwährend auf dem laufenden!

3. Ein Spruch Benjamin Franklins ist der beste Weg, um das Vertrauen anderer zu gewinnen und zu erhalten: «Ich werde über niemanden schlecht reden — aber immer alles Gute über jedermann aussprechen.» Anerkenne und lobe deine Konkurrenz!

4. Vermeide jede Täuschung! Übertreibe nicht! Erinnere dich an Karl Collings Grundsatz: «Ja, aber *ich* weiß es!»

5. Eine unfehlbare Methode, um Vertrauen zu erwecken, besteht darin, daß man seine «Zeugen» heranzieht. Vergiß das Telefon nicht!

6. Trachte danach, gepflegt auszusehen. Lasse dich von einem Fachmann beraten!

4. TEIL

Wie erwecke ich beim Kunden den Wunsch,
das Geschäft mit mir abzuschließen?

Wie Lincoln mir half, Freunde zu gewinnen

Als ich mich nach einem erfolglosen Besuch bei einem jungen Rechtsanwalt verabschiedete, machte ich eine Bemerkung, die ihn plötzlich zu interessieren schien. Ich sagte: «Mr. Barnes, ich glaube, Sie haben eine große Zukunft. Ich werde Sie keineswegs belästigen, doch wenn Sie nichts dagegen haben, werde ich von Zeit zu Zeit wieder einmal vorsprechen.»

«Was meinen Sie mit ,einer großen Zukunft'?» fragt der junge Anwalt. Offenbar war er der Ansicht, ich wolle nur eine billige Schmeichelei an den Mann bringen.

Ich sagte: «Vor einigen Wochen habe ich Ihre Rede beim Town Meeting gehört, und ich bin der Meinung, daß Sie eine der besten Ansprachen hielten, die ich je gehört habe. Das war übrigens nicht nur meine Ansicht, sondern auch diejenige anderer Leute.»

Die Überraschung meines Kunden war groß. Sofort interessierte er sich für mich, und als ich ihn fragte, wie er es angefangen habe, in der Öffentlichkeit zu sprechen, erzählte er mir die ganze Geschichte. Als ich ging, sagte er freundlich: «Ich würde mich freuen, Sie wiederzusehen, Mr. Bettger!»

Im Laufe der Jahre gelang es diesem Anwalt, eine bedeutende Praxis aufzubauen, ja, er gehörte bald zu den erfolgreichsten

Anwälten der Stadt. Immer wieder hielt ich den Kontakt mit ihm aufrecht, und als sich sein Geschäft vergrößerte, war es mir möglich, bedeutende Geschäfte abzuschließen. Wir wurden gute Bekannte, und er hat mir durch seine Beziehungen viel geholfen.

Schließlich wurde er juristischer Berater einer Zucker-Raffinerie, einer Stahl-Gesellschaft und der Firma Horn & Hardart. Bei einigen Gesellschaften trat er in den Verwaltungsrat ein, und später zog er sich aus dem Geschäftsleben zurück, um eine der höchsten Stellungen anzunehmen, die man erreichen kann: Er wurde Richter im Obersten Gerichtshof des Staates Pennsylvania. Sein Name ist H. Edgar Barnes.

Nie wurde ich müde, Edgar Barnes zu wiederholen, daß ich große Hoffnungen auf ihn setzte. Hin und wieder berichtete er mir vertraulich von seinen Erfolgen. Immer freute ich mich mit ihm über seine Fortschritte und ich bemerkte: «Ich habe immer gewußt, daß Sie einer der berühmtesten Anwälte von Philadelphia werden!» Richter Barnes hat es mir nie direkt gesagt, aber Bemerkungen, die er zu Freunden machte, lassen mich glauben, daß meine ständigen Ermutigungen an seinen großen beruflichen Erfolgen nicht ganz schuldlos waren.

Schätzen es die Menschen, wenn man ihnen zeigt, daß man an sie glaubt und größere Leistungen von ihnen erwartet? Gewiß, wenn dieses Interesse ehrlich ist, gibt es kaum etwas, das mehr geschätzt wird. Überall auf der ganzen Welt leben Millionen Menschen, die begierig sind, etwas Anerkennung und Ermutigung zu erhalten.

Die Worte, die Abraham Lincoln einst darüber schrieb, wie man Freunde gewinnt, haben mir so viel geholfen, daß ich sie hier wiederholen möchte:

«Bevor man einen Menschen für seine Sache gewinnen kann, muß man ihn davon überzeugen, daß man sein ehrlicher Freund ist. Darin liegt ein Tropfen Honig, der für sein Herz wie Balsam ist und der seine Zuneigung erobert. Gelingt dir das, so wird es dir keine Mühe machen, diesen Mann für deine Sache zu gewinnen, vorausgesetzt natürlich, daß es eine *gute* Sache sei.»

Vor Jahren wurde ich bei einem jungen Bankangestellten empfohlen. Es gelang mir, mit ihm einen kleinen Kontrakt abzuschließen. Später, als ich ihn etwas besser kannte, sagte ich ihm einmal: «Clint, eines Tages werden Sie Präsident Ihrer Bank sein!» Er lachte mich aus, doch ich bestand ernsthaft darauf: «Warum sollte dies nicht möglich sein? Sie haben alle natürlichen Fähigkeiten dazu! Sie sind jung, sehen gut aus; Sie sind strebsam und verfügen über eine gute Dosis Persönlichkeit. Denken Sie daran, daß alle Direktoren der Gesellschaft einmal als kleine Angestellte angefangen haben. Eines Tages werden sie sich zurückziehen, und jemand muß ihren Platz ausfüllen. Warum nicht Sie? Es wird Ihnen gelingen, wenn Sie nur wirklich wollen!»

Ich drängte ihn, einen Fortgeschrittenen-Kurs über das Bankwesen und einen Carnegie-Kurs zu besuchen. Er befolgte meinen Rat, und eines Tages, als die Angestellten zu einem Direktor gerufen wurden, der sie bat, ihre Meinung zu einem aktuellen Problems des Betriebes zu äußern, stand mein junger Freund Clinton Stiefel auf und sagte seine Meinung. Seine kleine Rede wurde mit soviel Überzeugung und Geschick gehalten, daß jedermann erstaunt war. Freunde schüttelten ihm nach der Zusammenkunft die Hand und gestanden ihm, wie überrascht sie gewesen seien, ihn so gut reden zu hören.

Am anderen Tag ließ der betreffende Direktor Clint in sein

Büro rufen, sprach ihm seine Anerkennung über die gemachten Vorschläge aus und teilte ihm mit, die Bank werde einige davon ausführen.

Kurze Zeit später wurde Clint Stiefel zum Abteilungschef ernannt, und was ist er heute? Clinton S. Stiefel ist Vizepräsident einer der besten Bankgesellschaften in Pennsylvania.

Oft hat mich Mr. Stiefel bei Leuten empfohlen, die eine Versicherung abschließen wollten, und wenn er selbst ein solches Geschäft zu vergeben hatte, brauchte ich mir um die Konkurrenz keine Sorgen zu machen.

Vor vielen Jahren besuchte ich einmal zwei gute Freunde, die auf dem besten Wege waren, erfolgreiche Geschäftsleute zu werden. Irgend etwas schien sie jedoch zu bedrücken, und ich beschloß, ihnen eine «Spritze» zu verabreichen. Ich erzählte ihnen von ihrem guten Ruf, den sie in ihrer Branche genossen, und ich erinnerte sie an die Zeit vor fünf Jahren, da sie ganz klein mit einem einzigen Büro angefangen hatten; und schließlich fragte ich sie: «Wie habt ihr eigentlich seinerzeit euer Geschäft begonnen?» Beide gingen sofort lachend auf meine Frage ein und ergingen sich in Erinnerungen aus jener Zeit und an die Schwierigkeiten, die sie damals überwinden mußten. Ich sagte ihnen, daß ich niemanden kenne, der in ihrer Branche eine bessere und glänzendere Zukunft habe, und das alles schien sie zu ermutigen, besonders als ich erwähnte, die Konkurrenz betrachte ihr Geschäft als führend in diesem Industriezweig. Das alles war meinen Freunden natürlich auch bekannt, doch niemand hatte es ihnen seit langer Zeit gesagt, und gerade das war die beste Medizin für sie!

Als ich mich verabschiedete, begleitete mich der jüngere der beiden zum Lift. Er hatte den Arm um meine Schulter gelegt, und als er mir die Hand reichte, sagte er lachend: «Frank, Du kannst jeden Montagmorgen kommen, um uns etwas aufzupulvern!»

Im Laufe der Jahre habe ich noch oft dort vorgesprochen, um meine beiden jungen Freunde zu ermutigen, und bei diesen Gelegenheiten kam ich natürlich auch auf meine Geschäfte zu sprechen. Je mehr sich das Unternehmen entwickelte, um so mehr entwickelten sich auch meine Abschlüsse.

Die Lebensgeschichten einiger großer Männer haben mich oft angespornt und mir Anregungen vermittelt; aber meine besten Kenntnisse verdanke ich den Männern, mit denen ich Geschäfte machte, und die teilweise meine Freunde wurden. Wenn mir jemand vorwärts half, habe ich mich stets dankbar gezeigt und es zugegeben. Die Menschen schätzen es, wenn man ihnen erzählt, wie man durch ihre Ideen und Ratschläge weitergekommen ist. Hier ein Beispiel:

Eines Tages unterhielt ich mich mit dem Verkaufsdirektor Morgan H. Thomas. Ich sagte: «Morgan, Sie haben mir viel geholfen, mehr Geld zu verdienen und gesünder zu leben.»

Er antwortete: «Wollen Sie sich über mich lustig machen?»

«Nein», sagte ich, «ich meine es vollkommen ernst. Vor einigen Jahren erzählte mir Ihr Präsident, Mr. Sinex, daß Sie als Knabe hier morgens um sieben Uhr den Boden wischen mußten, bevor die anderen Angestellten kamen. ,Morgan ist zwar jetzt Verkaufsdirektor', sagte er weiter, ,aber noch immer ist er morgens der Erste.'

Ich dachte mir, wenn Sie um sieben Uhr hier antreten, dann heißt dies, daß Sie um sechs Uhr aufstehen müssen. Und wenn Mr. Morgan um sechs Uhr aufstehen kann und dabei so gut aussieht, dann kann ich es auch. Und so trat ich dem Sechs-Uhr-Club bei und ich fühle mich dabei wohler als je zuvor, habe mehr Zeit und verdiene mehr Geld.»

Mr. Thomas war sichtlich erfreut über meine Worte. Er ist heute Präsident seiner Gesellschaft, die zu den größten Papierhandelsfirmen der Vereinigten Staaten zählt; er ist auch einer meiner besten Kunden, und ich konnte mit den meisten höheren Angestellten seiner Gesellschaft Abschlüsse machen.

Die Frage: «Wie haben Sie eigentlich in diesem Geschäft angefangen?» habe ich unzählige Male gestellt. Meistens antwortet man: «Oh, das ist eine lange Geschichte!» Und wenn jemand über seine Laufbahn erzählt, interessiert es mich immer sehr, etwas über seine Schwierigkeiten und deren Überwindung zu erfahren. Solche Geschichten versetzen mich immer wieder in Spannung — und jedermann liebt es, seine Laufbahn zu schildern. Selten aber trifft man Leute, die sich dafür interessieren. Nimmt man aber wirklich aufrichtig Anteil am Leben eines Menschen, dann wird man auch sein Vertrauen gewinnen.

Wenn ich nach solchen Gesprächen den Kunden verlasse, mache ich mir sofort Notizen über verschiedene Einzelheiten, den Geburtsort, die Namen seiner Frau und seine Kinder, seine Pläne, seine Hobbies, und diese Angaben bleiben wohlgeordnet in meiner Kartei, die sich über fünfundzwanzig Jahre erstreckt.

Immer wieder sind die Leute erstaunt, was ich alles über sie weiß. Mein tiefes Interesse, das ich am Leben anderer nehme, hat oft zu wertvollen und dauernden Freundschaften geführt.

Die Frage: «Wie haben Sie eigentlich in diesem Geschäft angefangen?» scheint es in sich zu haben. Dadurch sind mir sogar Unterredungen mit hartgesottenen Leuten gelungen, die mich nicht empfangen wollten. Das folgende Gespräch mit einem vielbeschäftigten Faßfabrikanten, dessen oberste Devise im Hinblick auf Vertreter lautete «Hinaus mit ihm!» ist ein Beispiel für viele:

Ich: Mr. Roth, guten Morgen! Mein Name ist Bettger von der Fidelity Versicherungsgesellschaft. Erinnern Sie sich an Mr. Walker, Jim Walker? (Ich überreichte ihm eine handgeschriebene Empfehlung von Mr. Walker.)

Roth: (mißtrauisch die Karte überfliegend, ärgerlich) Sind Sie auch ein Vertreter?

Ich: Ja, aber ...

Roth: (unterbrechend) Sie sind der zehnte Vertreter, der mich heute besucht. Ich habe wichtigere Dinge zu tun, als den ganzen Tag Verkäufer anzuhören. Bitte, lassen Sie mich in Ruhe! Ich habe keine Zeit!

Ich: Ich wollte Sie nur einen Augenblick stören, Mr. Roth, um mit Ihnen eine Verabredung für einen anderen Zeitpunkt zu treffen. Können Sie mir an einem frühen Morgen oder späten Nachmittag vielleicht zwanzig Minuten reservieren?

Roth: Ich sagte Ihnen doch, daß ich für Vertreter überhaupt keine Zeit habe!

Ich: (Lasse eine Moment verstreichen und betrachte aufmerksam einen kleinen Holzbehälter, der am Boden steht) Stammt der aus Ihrer Fabrik, Mr. Roth?

Roth: Gewiß.

Ich: (immer noch aufmerksam den Behälter betrachtend) Wie lange sind Sie eigentlich schon in dieser Branche tätig, Mr. Roth?

Roth: Oh . . . Zweiundzwanzig Jahre.

Ich: Und wie haben Sie eigentlich angefangen?

Roth: (lehnt sich in seinen Sessel zurück und wird freundlicher) Das ist eine lange Geschichte. Mit siebzehn Jahren arbeitete ich bei der John Doe Company, und während zehn Jahren schuftete ich mich dort müde, ohne auf einen grünen Zweig zu kommen. Dann fing ich selber an.

Ich: Wurden Sie hier in Cheltenham geboren, Mr. Roth?

Roth: (noch freundlicher) Nein, ich wurde in der Schweiz geboren.

Ich: (überrascht) Dann müssen Sie sehr jung nach Amerika gekommen sein!

Roth: (sehr freundlich lächelnd) Nun, ich war vierzehn Jahre alt, als ich mein Elternhaus verließ. Eine Weile lebte ich in Deutschland, und dann faßte ich den Entschluß, nach den Staaten zu gehen.

Ich: Sie müssen aber ein bedeutendes Kapital gehabt haben, um diese große Fabrik aufzubauen?

Roth: (lachend) Ich fing mit 300 Dollar an, aber mit der Zeit wurden es 300 000!

Ich: Es muß interessant sein, zu sehen, wie diese Fässer hergestellt werden.

Roth: (steht auf und kommt zu dem kleinen Behälter) Ja, wir sind recht stolz auf unsere Fässer, und wir glauben, daß es auf dem ganzen Markt keine besseren gibt. Möchten Sie sich die Fabrik einmal ansehen?

Ich: Mit größtem Vergnügen!

(Roth legte mir die Hand auf die Schulter und führte mich in die Fabrik.)

Der genaue Name des Mannes heißt Ernest Roth, Hauptinhaber

der Firma Roth & Sons, Cheltenham, Pennsylvania. Ich habe beim ersten Besuch kein Geschäft abgeschlossen, aber während einer Periode von sechzehn Jahren habe ich mit ihm neunzehn Abschlüsse gemacht, sechs von seinen sieben Söhnen habe ich versichert, und außerdem habe ich einen guten Geschäftsfreund gewonnen.

Kurzfassung

1. «Bevor man einen Menschen für eine Sache gewinnen kann, muß man ihn davon überzeugen, daß man sein ehrlicher Freund ist . . .» (Lincoln)

2. Ermutige junge Leute! Zeige ihnen, wie sie ihr Leben erfolgreich gestalten können!

3. Versuche die Menschen zu veranlassen, dir ihre beruflichen Pläne zu verraten. Hilf ihnen, ihren Horizont zu erweitern.

4. Wenn dir jemand geraten oder weitergeholfen hat, dann mache kein Geheimnis daraus. Zeige deine Dankbarkeit!

5. Frage: «Wie haben Sie eigentlich in diesem Geschäft angefangen?» Dann: sei ein *guter* Zuhörer!

Eine Idee, die mir viele Türen öffnete

Als junger Mann litt ich an einem Übel, das wahrscheinlich meine ganze Laufbahn zerstört hätte, wenn ich nicht rechtzeitig einen Weg gefunden hätte, seiner Herr zu werden. Ich besitze heute noch eine alte Photographie, um zu beweisen, daß ich damals das himmeltraurigste Gesicht der Welt machte.

Als mein Vater starb, war ich noch ein kleiner Knabe. Er hinterließ meine Mutter mit fünf kleinen Kindern — aber ohne Versicherung. Meine Mutter mußte Wasch- und Näharbeit leisten, um uns zu ernähren und uns den Schulbesuch zu ermöglichen. Wir befanden uns in der «guten alten Zeit» — doch für uns zeigte sie sich nicht von ihrer guten Seite! Unsere kleine Wohnung war immer kalt; wir konnten nur in der Küche heizen, und Teppiche gab es keine. Die Kinderkrankheiten überfielen uns der Reihe nach: Scharlach, Masern, Keuchhusten, Diphterie — fast immer war eines von uns krank. Während Epidemien verlor meine Mutter, die ständig von Hunger, Angst und Armut gequält wurde, drei von fünf Kindern. Nein, wir hatten nichts zu lachen damals. Wir fürchteten uns geradezu, fröhlich zu sein.

Kurz nachdem ich meine Verkaufstätigkeit begonnen hatte, merkte ich, daß ein mißmutiges und trauriges Gesicht unfehlbar zum Mißerfolg führt. Ich wußte, daß ich das Hindernis unter allen Umständen überwinden mußte, und es war mir klar, daß es nicht leicht sein würde, mein Sorgengesicht, das ich während so vieler Jahre getragen hatte, zum Verschwinden zu bringen.

Eine neue innere Einstellung zum Leben war notwendig! Und hier ist die Methode, die unverzüglich grundlegende Veränderungen in meinem Privat- und Geschäftsleben hervorrief.

Jeden Morgen nahm ich ein viertelstündiges Bad, frottierte mich energisch, und während dieser Zeit versuchte ich, meinem Gesicht einen fröhlichen und zuversichtlichen Ausdruck zu geben. Bald merkte ich, daß ich mir nicht ein konventionelles, steifes und gekünsteltes Lächeln zulegen durfte, das nur den Zweck verfolgte, Dollars in meine Tasche rollen zu lassen. Mein Lachen mußte von innen kommen, es mußte der Ausruck eines glücklichen und zuversichtlichen Innenlebens sein.

Das war leichter gesagt, als getan. Immer wieder ertappte ich mich während dieser Viertelstunde, daß meine Gedanken in Unlust, Sorge und Angst zurückfielen — und schon zeigte der Spiegel mein altes Faltengesicht. Sorgen und Lachen vertragen sich nicht; so war ich genötigt, neuerdings meinen Zügen einen fröhlichen Ausdruck aufzuzwingen — und damit nahmen auch meine Gedanken wieder eine andere, zuversichtliche Richtung.

Erst später merkte ich, daß meine Theorie diejenige des großen Philosophen und Lehrers Professor William James bestätigt, der sagt: «Es scheint, daß die *Tat* dem Gefühl folgt, doch in Wahrheit gehören sie beide zusammen; indem wir die *Handlung* regulieren, die mehr oder weniger der direkten Kontrolle des Willens untersteht, können wir indirekt auch unsere Gefühle beherrschen, die viel weniger durch unseren Willen gemeistert werden können.»

Diese viertelstündige Betätigung meiner Lachmuskeln hat jeweils den ganzen Tag verändert. Bevor ich das Büro eines Kunden betrat, hielt ich einen Moment inne, um an all das zu denken,

156

wofür ich dankbar sein konnte. Das gab meinem Gesicht einen zufriedenen, fröhlichen Ausdruck, und mit diesem strahlenden Lächeln betrat ich den Raum. Nur selten fand ich nicht einen Widerschein meines fröhlichen Gesichtes auf demjenigen, das mir begegnete. Wenn die Sekretärin meinen Besuch ihrem Chef anmeldete, spiegelte sich in ihrem Gesicht immer noch etwas von meinem frohen Ausdruck wieder, und meistens trug sie noch ein Lächeln auf ihren Zügen, wenn sie zurückkam, um mich eintreten zu lassen.

Nehmen wir nun an, ich wäre mit einem sauren Gesicht oder mit einem dieser Gummibandlächeln (jene, die gleich zurückschnappen, wenn man nicht beobachtet wird) erschienen. In diesem Falle hätte der Gesichtsausdruck der Sekretärin ihrem Chef praktisch gesagt: «Empfangen Sie ihn nicht!»

Wenn ich dann das Büro des Chefs betrat, war es ganz natürlich, daß ich auch ihn freundlich anlachte und sagte: «Mr. Livingston, guten Morgen!»

Immer wieder stellte ich fest, daß es die Menschen erfreut, wenn man ihnen bei Begegnungen auf der Straße freundlich entgegenlacht und ihnen zuruft: «Mr. Thomas!» Das macht viel mehr Eindruck als das gewöhnliche: «Guten Tag, wie geht es Ihnen?»

Ist es Ihnen noch nie aufgefallen, daß das Glück viel eher mit Leuten geht, die ein frohes, lächelndes Gesicht zur Schau tragen, als mit solchen, die ständig mißmutig und traurig in die Welt blicken?

Telefongesellschaften haben durch Tests festgestellt, daß eine Stimme, in der ein frohes Lächeln mitschwingt, viel mehr Erfolg hat.

Probieren Sie es gleich jetzt! Führen Sie ein Telefongespräch mit einem fröhlichen Lächeln, und Sie werden den Unterschied schnell feststellen. Es wäre keine schlechte Idee, über den Telefonapparaten einen Spiegel anzubringen, damit wir uns beobachten können.

Tausende von Frauen und Männern habe ich in meinen Vorträgen aufgefordert, einmal nur dreißig Tage lang ein Lächeln auf ihr Gesicht zu zaubern und es allen Menschen, die ihnen begegnen, zu schenken. Meistens haben sich fünfundsiebzig Prozent der Zuhörer bereit erklärt, den Versuch zu wagen. Und das Ergebnis? Hier ist ein Brief unter vielen, die mir zugingen:

«Meine Frau und ich hatten eben beschlossen, uns zu trennen. Natürlich war ich der Meinung, sie trage alle Schuld. Einige Tage, nachdem ich das Experiment begonnen hatte, spürte ich, wie sich in meinem Hause einiges änderte. Es wurde mir klar, daß ich in meinem Beruf dank meiner düsteren Miene keinen Erfolg hatte. Am Abend zeigte ich auch meiner Frau und den Kindern ein frohes Gesicht. *Ich*, nicht meine Frau, trug die Schuld an unserer Krisis. Ich bin heute ein ganz anderer Mensch als vor einem Jahr. Ich fühle mich glücklich, weil ich andere glücklich mache, und jedermann grüßt mich heute freundlich zurück. Außerdem hat sich meine berufliche Stellung merklich gebessert.»

Dieser Kursteilnehmer war so begeistert vom Ergebnis des Experiments, daß er mir noch nach vielen Jahren Briefe schrieb.

Dorothy Dix sagte einmal: «Keine weibliche Waffe ist bei Männern so wirkungsvoll wie ein Lächeln ... Es ist ein Jammer, daß viele Frauen einem fröhlichen Gesicht so wenig Bedeutung beimessen. Sie sollten es geradezu als Pflicht betrachten, denn kaum etwas anderes trägt so viel zu einer glücklichen Ehe bei und bindet den Ehemann so sehr an sein Heim. Es gibt keine Männer, die ihre Schritte nach Feierabend nicht beschleunigen, wenn sie gewiß sind, zu Hause eine Frau vorzufinden, deren Lächeln Sonnenschein im Haus verbreitet.»

Ich bin mir bewußt, daß es unglaubhaft klingt, wenn ich behaupte, Glück und Zufriedenheit könnten durch ein fröhliches Lächeln herbeigezaubert werden. Aber ich rate Ihnen, es während dreißig Tagen zu versuchen. Schenken Sie jedem Menschen, der Ihnen begegnet, ein fröhliches und zuversichtliches Lächeln, auch Ihrer Frau und Ihren Kindern, und Sie werden staunen, wie viel besser Sie sich dabei fühlen. Es ist eines der besten Mittel, die ich kenne, um Sorgen zu verscheuchen und wirklich zu *leben*. Als ich es anwandte, öffneten sich mir viele neue Türen.

Wie ich lernte, Namen und Gesichter im Gedächnis zu behalten

Bei einem Verkaufskurs, den ich in einem großen Verein in Philadelphia hielt, baten wir einen Gedächtniskünstler, uns einen Vortrag über Gedächtnisschulung zu halten. Diese Übungen zeigten mir, wie wichtig es ist, sich an die Namen unserer Mitmenschen zu erinnern.

Ich las Bücher und hörte Vorträge über dieses Thema, und sowohl im Geschäfts- als auch im Privatleben habe ich das Gelernte angewandt. Bald fand ich heraus, daß ich viel weniger Schwierigkeiten hatte, mich an Namen und Gesichter zu erinnern, wenn ich auf die folgenden drei Punkte achtete:

1. Beobachtung;
2. Wiederholung;
3. Beziehungen.

Wir wollen diese drei wichtigen Regeln etwas näher ansehen:

1. Beobachtung

Die Psychologen sagen uns, daß unsere Gedächtnisschwierigkeiten im Grunde genommen nicht viel mit dem Gedächtnis zu tun haben; in Wirklichkeit handelt es sich um Beobachtungsschwierigkeiten! Auch ich litt darunter. Wohl glaubte ich, das Gesicht eines Mannes recht gut zu beobachten, doch meistens gelang es mir nicht, den Namen zu behalten. Manchmal hörte ich zu unaufmerksam hin, wenn mir jemand vorgestellt wurde, und in anderen Fällen verstand ich den Namen nicht richtig. Was tat ich dann? Nichts! Ich nahm es auf die leichte Achsel und ging darüber hinweg. Wenn jedoch ein anderer *meinem* Namen keine Beachtung schenkte — dann war ich beleidigt. Interessierte er sich aber wirklich für meinen Namen, versicherte er sich, daß er ihn richtig verstanden hatte, dann machte mir das sogar Vergnügen — ich fühlte mich geschmeichelt. Diese erste Regel ist so wichtig, daß ich es heute als eine unverzeihliche Unhöflichkeit ansehe, wenn ich mir nicht die Mühe gebe, einen Namen richtig zu verstehen.

Was soll man tun, wenn man einen Namen nicht richtig verstanden hat? Es ist vollkommen in Ordnung, wenn man dann sagt: «Dürfte ich Sie bitten, mir Ihren Namen zu wiederholen, ich habe ihn nicht richtig verstanden?» Wenn man ihn dann wieder nicht richtig versteht, ist es wiederum absolut in Ordnung, wenn man sagt: «Würden Sie ihn bitte buchstabieren?» Nie ist jemand beleidigt, wenn man seinen Namen genau wissen will; wenigstens habe ich es nie erlebt.

Die erste Regel, um Namen und Gesichter im Gedächtnis zu behalten, besteht also darin, daß man sich selbst einen Moment vergißt und sein Interesse ganz auf den anderen Menschen, auf sein Gesicht und auf seinen Namen konzentrieren. Das half mir übrigens auch, meine Befangenheit Unbekannten gegenüber zu überwinden.

Man sagt, daß das Auge eine Gedächtnisphotographie von allen Dingen, die wir sehen, aufnimmt. Das läßt sich leicht beweisen:

man braucht nur einen Moment die Augen zu schließen und sich das Gesicht eines Menschen in Erinnerung zu rufen, als ob man eine Photographie betrachten möchte.

Dasselbe kann man mit einem Namen tun. Ich war erstaunt, wie leicht es mir fiel, Namen und Gesichter im Gedächtnis zu behalten, als ich mich wirklich ehrlich anstrengte, ein Gesicht aufmerksam zu beobachten und einen Namen deutlich und klar aufzunehmen.

2. Wiederholung

Haben Sie auch schon den Namen eines Unbekannten kaum zehn Sekunden nach der Vorstellung vergessen? Mir geht es so, wenn ich mich nicht dazu anhalte, ihn mehrmals zu wiederholen, solange er mir noch gegenwärtig ist. Das ist durchaus möglich. Man sagt zum Beispiel: «Wie geht es Ihnen, Herr Muster?» Außerdem ergeben sich während der Unterhaltung genügend andere Möglichkeiten, wie: «Wo wurden Sie geboren, Herr Muster?» Handelt es sich um einen schwer auszusprechenden Namen, so soll man ihn erst recht nicht umgehen! Die meisten Leute aber tun es. Warum nicht einfach fragen: «Spreche ich Ihren Namen richtig aus?» Und immer erlebt man, daß einem die Menschen gerne helfen, ihren Namen richtig auszusprechen. Sind noch Drittpersonen dabei, so schätzen es auch diese, weil sie dadurch Gelegenheit erhalten, den Namen ebenfalls richtig zu verstehen.

Und nun läuft man leicht Gefahr, die Episode zu vergessen, wenn man nicht den Namen leise für sich einige Male wiederholt. Im Laufe der Konversation kann man aber auch seinen eigenen Namen wiederholen, damit auch die anderen Anwesenden sich daran erinnern. Man erzählt zum Beispiel: «Und dann sagte er zu mir, Mr. Bettger, ich . . .»

Sobald ich neue Menschen kennen gelernt habe, notiere ich mir ihre Namen bei der ersten sich bietenden Gelegenheit. Wenn man den Namen geschrieben vor sich sieht, prägt er sich viel leichter ins Gedächtnis ein.

Schwieriger wird die Geschichte, wenn man mehreren Leuten gleichzeitig vorgestellt wird. Mein Freund Henry E. Strathmann gab mir einen guten Tip, der mir viel geholfen hat. Henry hatte einst ein sehr schlechtes Gedächnis, aber er schulte es dermaßen, daß er heute über eine bemerkenswerte Fähigkeit verfügt, sich Namen, Gesichter und Tatsachen zu merken, ja er macht sich sogar ein Vergnügen daraus, bei öffentlichen Meetings seine Methode zu demonstrieren. Lassen wir Mr. Strathmann selber erzählen:

Wenn man mehreren Menschen vorgestellt wird, versucht man am besten, aus ihren Namen irgendeinen Satz zu bilden, das heißt, sie irgendwie miteinander in Verbindung zu bringen. Das Gedächtnis nimmt solche Sätze viel leichter auf, weil sie bildhafter und lebendiger wirken als nur einzelne Namen. Bei einem Bankett, das ich letzte Woche besuchte, identifizierte ich ungefähr fünfzig Personen mit ihrem Namen. Die Anwesenden wurden mir Tisch für Tisch durch den Gastgeber vorgestellt. Bei einem der Tische nannte er die folgenden Namen: Keyser, Kammerer, Schlosser, Richard und Roth. Nun, was sollen diese Namen miteinander zu tun haben? Meine Phantasie begann aber zu arbeiten. Ich dachte an ein altes Schloß und formulierte blitzschnell den folgenden Satz: «Kaiser Richard sitzt in seinem roten Schloß und ruft den Kämmerer.» Das ist an sich sinnlos, wirkt aber doch bildhaft und bleibt länger im Gedächtnis haften als die Namen allein. Bei nur zwei oder drei Personen läßt sich dieses System noch leichter anwenden.

Manchmal sind es ganz idiotische Sätze, die unsere Phantasie zusammenstellt, aber gerade dadurch bleiben sie in unserem Gedächtnis haften.

Kamen Sie schon je in Verlegenheit, wenn Sie andere Menschen vorstellen mußten, deren Namen Sie vergessen hatten? Ich kenne kein Allerweltsmittel, um solche peinliche Situationen ganz zu vermeiden, aber die folgenden Ideen haben mir oft aus der Patsche geholfen:

1. Sei nicht übernervös! Jedermann kann in diese Lage geraten. Am besten ist es, wenn man die Sache mit Humor erledigt und zugibt, daß man ein Gedächtnis wie ein Salatsieb hat. Ein Komiker sagte einst bei ähnlicher Gelegenheit lachend: «Nie vergesse ich ein Gesicht, doch bei Ihnen mache ich eine Ausnahme!»

2. Immer, wenn ich jemandem begegne, nenne ich ihn beim Namen. Sage darum nicht einfach «Hallo?» oder «Wie geht's?», sondern stelle immer den Namen an die Spitze: «Mr. Roth!» oder «Charles!» Wenn die Begegnung vorüber ist, wiederhole den Namen einige Male! Da es alle Leute schätzen, wenn man ihren Namen ausspricht, soll man es sich zur Gewohnheit machen, jedermann bei jeder Gelegenheit mit Namen anzureden, ob es nun der Chef, der Nachbar, ein Kellner oder ein Briefträger ist. Und immer bin ich wieder erstaunt, wie gut es auf andere Menschen wirkt, wenn man sie mit ihrem Namen anredet. Je mehr ich mir das angewöhnt habe, um so besser wurde mein Namensgedächtnis.

3. Wenn immer möglich, interessiere man sich schon *vor* einer Vorstellung für den Namen! Gedächtniskünstler wenden diese Methode auch mit Erfolg an. Bevor sie zum Beispiel bei einem Vereinsanlaß auftreten, lassen sie sich eine Liste der Mitglieder geben, deren Namen und Berufe sie aufmerksam überlesen. Dann, im Laufe des Abends, läßt sich der Gedächtnisakrobat die Namen aller Anwesenden unauffällig von einem Mitglied mitteilen, und wenn er dann auftritt, überrascht er seine Zuhörer damit, jedermann bei Namen anrufen zu können. Wenn er dann noch von allen Anwesenden den Beruf nennt, kennt das Erstaunen keine Grenzen mehr.

In ähnlicher Form können wir diese Methode ebenfalls anwenden. Vor Jahren, als ich regelmäßig die Veranstaltungen des Benjamin-Franklin-Clubs besuchte, ärgerte ich mich immer wieder über meine Unfähigkeit, mich an die Namen anwesender Mitglieder zu erinnern. Dann gewöhnte ich mir an, *vor* dem Meeting die Mitgliederliste schnell durchzulesen, und bald war ich so weit, daß es mir keine Mühe mehr machte, die Klubmitglieder mit Namen zu begrüßen, anstatt ihnen aus dem Wege gehen zu müssen, weil ich mich schämte, ihren Namen vergessen zu haben. Anstatt gleichgültig übergangen zu werden, kam ich mit den anderen Mitgliedern ins Gespräch und gewann neue Freunde.

Das Geheimnis der Erinnerung liegt in der fortwährenden Wiederholung! Machen Sie eine Liste von Namen oder irgendwelchen Dingen, an die Sie sich erinnern wollen, überfliegen Sie diese Aufstellung kurz vor dem Einschlafen und lesen Sie sie erneut am anderen Morgen! Wenn Sie das einige Male tun, werden Sie sich praktisch an alles erinnern können.

3. Beziehungen schaffen

Wie gelingt es uns nun, Dinge, an die wir uns erinnern wollen, an unser Gedächtnis zu binden? Hier ist die Assoziation unbedingt der wichtigste Faktor, d. h. wir müssen es verstehen, die Dinge, auf die wir uns besinnen wollen, mit anderen Dingen in eine lebendige Beziehung zu bringen. Wir sind immer wieder überrascht, wie gut wir uns manchmal an gewisse Vorkommnisse aus unserer Kindheit erinnern, die wir längst glaubten, vergessen zu haben. Kürzlich fuhr ich in eine große Tankstation, um Benzin zu tanken. Der Besitzer begrüßte mich sofort als alten Bekannten, obschon wir uns seit vierzig Jahren nicht mehr gesehen hatten und trotzdem ich mich überhaupt nicht entsinnen konnte, den Mann je im Leben gesehen zu haben. Unser Gespräch zeigt, wie glänzend die Macht der Assoziation arbeitete.

«Ich bin Charles Lawson», sagte der Mann eifrig, «wir gingen doch zusammen in die James-Schule.»

Doch sein Name kam mir ganz unbekannt vor, und wenn er mich nicht bei meinem Namen genannt hätte, würde ich geglaubt haben, es handle sich um einen Irrtum. Da ich mich einfach nicht entsinnen konnte, fuhr er fort: «Erinnerst du dich an Bill Green..., an Harry Schmidt?»

«Harry Schmidt!» rief ich aus, «natürlich, Harry ist einer meiner besten Freunde.»

«Erinnerst du dich auch an den Tag, da unsere Schule wegen einer Kinderkrankheit geschlossen wurde? Einige von uns gingen sofort nach Fairmont Park, um Fußball zu spielen. Du und

166

ich spielten im selben Team. Ich in der Verteidigung und du im Goal.»

«Chuck Lawson!» rief ich, sprang aus dem Auto und schüttelte erfreut seine Hand. Mein Jugendfreund hatte soeben die Macht der Assoziation erprobt — und sie hatte glänzend funktioniert!

Hilf auch anderen, sich an deinen Namen zu erinnern!

Haben andere Menschen Schwierigkeiten, sich an deinen Namen zu erinnern? Eines Tages sagte ich mir: «Du hast einen komischen Namen, Bettger. Warum nicht den anderen ein bißchen behilflich sein, sich daran zu erinnern?» Und so fing ich an, mich mit meinem Namen vorzustellen, fügte aber lachend hinzu: «Better Life!» Jedermann lachte, und mit der Zeit bürgerte sich dieser Zusatz so ein, daß mir oft Telefonistinnen oder Sekretärinnen, wenn ich meinen Namen nannte, antworteten: «Ach ja, Mister Better-Life!»

Zweierlei gelang mir damit. Ich brachte etwas Humor (besser leben!) in meine Vorstellung, und gleichzeitig erinnerte sich jedermann daran, daß ich mich mit Lebensversicherungen befaßte (Life Insurance).

Die meisten Menschen möchten sich ganz gerne an unsere Namen erinnern, aber sie haben oft Schwierigkeiten damit. Gibt man ihnen aber ein kleines Hilfsmittel in die Hand, geht alles viel leichter.

Wenn wir Menschen treffen, die wir sehr lange nicht mehr gesehen haben, ist es am besten, wenn man sofort seinen eigenen Namen nennt, zum Beispiel: «Wie geht es Ihnen, Mr. Jones? — Bettger ist mein Name. Wir haben uns früher oft im Pen-Club getroffen.» Das überbrückt manche Verlegenheit, und die Menschen sind froh, wenn man ihnen auf diese Weise entgegenkommt.

Auch andere Leute geben einem gerne einen Tip, um ihren Namen besser im Gedächtnis zu behalten, wenn man wirkliches Interesse dafür zeigt. Wenn ein Name besonders kompliziert ist, frage ich immer nach seiner Herkunft, und meistens höre ich dann eine interessante Geschichte. Es ist schließlich immer noch interessanter, über einen Namen zu sprechen als über das Wetter!

Manchmal steht die kleine Mühe, sich Namen zu merken, in keinem Verhältnis zum Erfolg, der daraus resultiert. Ein guter Freund, der zu bescheiden ist, um mir zu erlauben, seinen Namen zu nennen, kannte die Namen aller 441 Mitarbeiter seines Unternehmens. Bill, so wollen wir ihn nennen, kam mit neunzehn Jahren aus Irland nach den Vereinigten Staaten und begann in seiner Firma als Bodenreiniger. Später wurde er Vizepräsident der Gesellschaft und zog sich mit zweiundfünfzig Jahren ins Privatleben zurück. Er kannte nicht nur alle Namen seiner Geschäftsfreunde, sondern auch diejenigen ihrer Frauen und Kinder, und wenn in einer Familie jemand krank war oder andere Sorgen auftauchten, war er immer bereit, helfend einzuspringen.

Ich will nicht sagen, daß sein großes Personen- und Namensgedächtnis die glänzende Karriere Bills allein ausmachte, aber ich bin davon überzeugt, daß diese Fähigkeit viel damit zu tun hatte.

Ich fragte Bill, ob er je eine spezielle Gedächtnisschulung mitgemacht habe. «Nein», lachte Bill, «aber früher, als ich noch ein sehr schlechtes Gedächtnis hatte, trug ich immer ein großes

168

Notizbuch bei mir. In allerlei Gesprächen mit den Ladeninhabern, die ich besuchte, erfuhr ich die Namen seiner Angehörigen, ja sogar das Alter seiner Kinder. Sobald ich wieder in meinem Wagen saß, notierte ich diese Angaben, und nach einigen Jahren mußte ich immer seltener meine Notizen zu Hilfe nehmen.»

In meiner Tätigkeit als Verkäufer fand ich heraus, daß es nicht nur einen großen Vorteil bedeutet, sich an die Namen der Kunden zu erinnern, sondern auch an diejenigen von Sekretärinnen, Telefonistinnen und anderen Mitarbeitern. Spricht man sie mit Namen an, so hebt das ihr Selbstbewußtsein und sie fühlen sich wichtiger. Und sie *sind* auch wichtig! Ihre freundliche Mitarbeit kann uns viel Mühe ersparen.

Immer wieder bin ich erstaunt über die große Anzahl Menschen, die sich darüber ärgern, weil sie keine Namen behalten können. Warum soll man daraus nicht ein kleines, geheimes «Hobby» machen? Sobald man sich etwas Mühe gibt, wird man feststellen, daß man auf diesem Gebiet viel mehr leisten kann, als man je ahnte. Am besten trägt man eine kleine Karte mit den folgenden drei Regeln auf sich. Ihre Anwendung während einer Woche wird schon Wunder wirken:

1. Einprägen: Behalte von Gesicht und Namen eine klaren Eindruck!

2. Wiederholen: Wiederhole den Namen in kurzen Abständen.

3. Beziehung: Bringe den Namen mit anderen, dazugehörigen Dingen in Verbindung, auch mit dem Beruf.

Der wichtigste Grund, warum Verkäufer einen Auftrag verlieren

In den Tagen, da Mark Twain den Mississippi hinauf- und her-
unterfuhr, erwog die Rock-Island-Eisenbahn, zwischen Rock
Island, Illinois und Davenport, Iowa, eine große Brücke bauen
zu lassen. Die Dampfschiff-Gesellschaften erfreuten sich eines
blühenden Handels. Getreide, Pökelfleisch und einige andere
Produkte wurden damals von den Siedlern mit Ochsengespann
auf hohen Rädern zum Mississippi gebracht, um dort fluß-
abwärts verschifft zu werden. Die Besitzer der Dampfschiffe
hüteten ihre Rechte auf diese Transporte, als ob sie ihnen direkt
vom lieben Gott verliehen worden wären.

Sie befürchteten, durch die geplante Brücke der Eisenbahn eine
scharfe Konkurrenz zu erhalten und beschlossen, den Bau durch
ein richterliches Verbot zu verhindern. Diese Bemühungen
gipfelten in einem großen Prozeß. Die sehr vermöglichen Schiffs-
besitzer sicherten sich Richter Wead, einen der besten Juristen
auf diesem Gebiet, und der Prozeß ging als einer der größten
Rechtsstreite in die Geschichte des Transportwesens ein.

Am letzten Tag der Verhandlung hielt Wead vor einem über-
füllten, spannungsgeladenen Saal sein Plädoyer. Während
zweier Stunden lauschten die Zuhörer atemlos. Er schreckte
nicht davor zurück, die Gefahr einer politischen Auflösung der
Union an die Wand zu malen, wenn dieses Projekt zustande
käme. Lauter Beifall erscholl am Ende seiner Rede.

Als sich der Anwalt der Eisenbahngesellschaft erhobe, wurde er beinahe von jedermann bemitleidet. Würde er auch zwei Stunden sprechen? Nein! Seine Rede dauerte kaum zwei Minuten. Er sagte: «Zuerst möchte ich dem Gegenanwalt zu seiner glänzenden Rede gratulieren. Nie hörte ich ein besseres Plädoyer. Aber, meine Herren Geschworenen, Richter Wead hat leider die Hauptsache übersehen. Schließlich sind die Bedürfnisse derjenigen Bürger, die von Osten nach Westen reisen, nicht geringer als die derjenigen, die den Fluß befahren. Die einzige Frage, die Sie entscheiden müssen, ist die, ob Leute, die den Fluß hinauf- und hinabreisen, *mehr* Rechte haben als diejenigen, die ihn überqueren wollen.»

Dann setzte er sich, und der Entscheid der Geschworenen ließ nicht lange auf sich warten. Es war ein Entscheid zu Gunsten des ärmlich gekleideten, langen Landanwalts: Abraham Lincoln.

Ich bewundere Lincoln, weil er es verstand, immer das Wesentliche kurz herauszugreifen. Seine Rede ist weltberühmt geworden, obwohl er keine zwei Minuten sprach, während sein Gegner zwei volle Stunden vor ihm plädierte. Doch in diesen zwei Stunden kam er dem «springenden Punkt» nicht so nahe, wie Lincoln in zwei Minuten!

Vor Jahren hatte ich das Vergnügen, die Bekanntschaft des bekannten Autors James Howard Bridge zu machen, der in jungen Jahren Privatsekretär des großen englischen Philosophen Herbert Spencer gewesen war. Er erzählte mir, daß Spencer ein sehr heftiges Temperament hatte. In der Pension, die Spencer in London bewohnte, herrschte bei Tisch überlicherweise ein unlogisches und verworrenes Geschwätz, doch Spencer scheute sich nicht, seinem Mißfallen jeweils drastisch Ausdruck zu geben. Er trug in der Tasche stets ein Paar jener dicken Ohrenschützer mit sich, die man bei sehr kaltem Wetter über den Kopf zieht. Wenn ihn die Konversation allzu langweilte, zog er die Ohrenklappen aus der Tasche und stülpte sie über den Kopf!

Vielrednerei ist einer der schlimmsten gesellschaftlichen Fehler. Wenn Sie daran leiden, wird Sie nicht einmal ein Freund darauf aufmerksam machen, aber man wird Sie mit der Zeit meiden. Ich erwähne dies, weil ich besonders an diesem Übel litt, gegen das ich mit aller Energie ankämpfen mußte. Wenn jemals jemand viel zu viel geredet hat, dann war es ein gewisser Frank Bettger!

Eines Tages nahm mich einer meiner besten Freunde beiseite und sagte: «Frank, es ist nicht möglich, dich etwas zu fragen, ohne daß du nachher eine Viertelstunde lang antwortest, wo ein einziger Satz am Platze wäre!» Aber richtig erwachte ich erst, als mir ein vielbeschäftigter Geschäftsmann bei einer Unterredung kurzerhand das Wort abschnitt und sagte: «Kommen Sie zur Sache! Diese Details interessieren mich nicht!» Die Arithmetik interessierte ihn nicht — er wollte das Resultat.

Erst jetzt dachte ich über die vielen Verkäufe nach, die ich vermutlich durch meine Vielrednerei verunmöglicht, und die Freunde, deren Zeit ich vergeudet, und die ich dadurch verloren hatte.

Erst jetzt wurde mir bewußt, wie wichtig es ist, sich *kurz* auszudrücken, und ich bat meine Frau, jedesmal den Finger hochzuhalten, wenn ich wieder überborden sollte. Ich gab mir alle Mühe, unwichtige Einzelheiten wie Gift zu meiden, und nach Monaten gelang es mir endlich, weniger zu reden. Doch immer noch mußte ich hart gegen meine üble Gewohnheit ankämpfen. Erst kürzlich ertappte ich mich wieder bei einer viertelstündigen Rede, obschon ich längst alles Wesentliche gesagt hatte. Meine Leidenschaft, mich selber sprechen zu hören, war wieder einmal mit mir durchgebrannt...

Wie steht es mit Ihnen? Fühlen Sie sich auch oft so aufgezogen, daß Sie nicht mehr Schluß machen können? Ertappen Sie sich auch dabei, daß Sie viel zu viele Einzelheiten erzählen? Immer, wenn Sie das Gefühl haben, Sie könnten zu lange gesprochen haben — dann hören Sie sofort auf! Wenn dann die Zuhörer nicht unbedingt auf der Fortsetzung bestehen, dann wissen Sie: Ich habe wieder einmal zu viel geschwatzt!

Ein Verkäufer kann nie zu viel *wissen,* aber er kann zu viel *reden!* Harry Erlicher, der Vizepräsident der General Electric, einer der größten Einkäufer der Welt, sagte: «Bei einer kürzlichen Konferenz von Einkäufern sprachen wir über die Gründe, die einem Vertreter das Geschäft verderben. Drei von den vier Anwesenden waren der Meinung, der wichtigste Grund bestehe darin, daß ein Verkäufer *zu viel spreche.*»

Ich will Ihnen verraten, wie ich meine Telefongespräche um die Hälfte kürzte. Bevor ich anläute, notiere ich mir alle Punkte, die ich zur Sprache bringen will. Dann wähle ich die Nummer und beginne: «Ich weiß, daß Sie sehr beschäftigt sind. Ich habe nur *vier* Fragen, die ich mit Ihnen besprechen möchte, und ich will sie gleich einzeln vorbringen: Erstens..., zweitens..., drittens..., viertens...» Wenn ich Frage vier beendigt habe, dann weiß der Gesprächspartner, daß das Telefongespräch beendet ist, und daß ich bereit bin, aufzuhängen, sobald er mir geantwortet hat. Wenn das geschehen ist, sage ich sofort: «Besten Dank!» und verabschiede mich.

Das heißt nicht, daß man abrupt sein soll. Zu kurz angebundene Menschen werden nicht geschätzt, aber solche, die kurz und bündig das Wesentliche vorbringen, sehr.

Die Geschichte von der Erschaffung der Welt wurde kaum mit der Hälfte der Worte, die ich für dieses Kapitel benötigt habe, erzählt. Ein Beispiel für meisterhafte Kürze!

Wie ich lernte, meine Angst vor wichtigen Persönlichkeiten
zu überwinden

Jemand fragte mich einmal, ob ich je ängstlich gewesen wäre. «Ängstlich» ist kein Ausdruck dafür! Ich zitterte vor Angst!

Noch ist es gar nicht lange her, da ich alle Mühe hatte, durch den Verkauf von Lebensversicherungen das bare Brot zu verdienen. Langsam wurde mir klar, daß ich — wenn ich erfolgreicher sein wollte — *wichtigere* Personen aufsuchen und *größere* Policen verkaufen mußte. Mit anderen Worten: Ich spielte in einer Anfängerliga und mußte in die «Nationalmannschaft» vorstoßen.

Der erste «Großangriff» erfolgte auf Archie E. Hughes, einen der führenden Automobilindustriellen an der Ostküste. Mr. Hughes war ein vielbeschäftigter Mann, und ich hatte mehrmals den Versuch unternommen, ihn zu sprechen.

Als mich seine Sekretärin in sein luxuriöses Büro führte, begann ich nervös zu werden. Meine Stimme zitterte, als ich anfing zu sprechen. Plötzlich versagten meine Nerven, ich begann zu stottern und blieb mitten in der Rede stecken. Da stand ich und schlotterte vor Angst. Mr. Hughes schaute mich erstaunt an. Und dann, ohne es zu wollen, tat ich etwas sehr Kluges, etwas, das dieses Interview, das so lächerlich begonnen hatte, in einen Erfolg verwandelte. Ich stotterte: «Mr. Hughes — ich habe oft versucht — Sie zu sprechen — und eh — und jetzt, da ich hier stehe — bin ich so aufgeregt und nervös, daß ich kaum reden kann!»

Sobald ich angefangen hatte zu sprechen, fühlte ich, wie meine Angst ständig schwand. Mein Kopf wurde klarer, und ich hörte auf zu zittern. Mr. Hughes schien plötzlich mein Freund zu werden. Offensichtlich freute es ihn, daß ich ihn als eine dermaßen wichtige Persönlichkeit betrachtete; sein Gesicht nahm einen liebenswürdigen Ausdruck an, als er sagte: «Das ist ganz in Ordnung. Nehmen Sie sich nur Zeit. Als ich jung war, ging es mir genau so. Setzen Sie sich und machen Sie sich's bequem!»

Taktvoll ermutigte er mich, weiterzusprechen, indem er einige Fragen stellte. Es war ganz offenkundig, daß er mir sogar helfen wollte, ein Geschäft zu machen, wenn ich ihm irgend etwas Brauchbares bieten konnte.

Ich machte mit Mr. Hughes kein Geschäft, doch ich lernte etwas, das für mich viel wertvoller als jede Provision war. Ich entdeckte die wichtige Regel: *«Wenn du Angst hast... dann gestehe es ein!*

Ich war der irrigen Ansicht, mein Angstkomplex, vor wichtigen Persönlichkeiten zu sprechen, sei so etwas wie Feigheit, ja ich schämte mich sogar deswegen und schwieg darüber. Inzwischen wurde mir klar, daß sehr viele Leute, auch erfolgreiche Männer, am gleichen Übel leiden. Zum Beispiel hörte ich im Empire Theater in New York City einen Vortrag von Maurice Evans, den er vor einer Versammlung von Schülern der Theaterakademie und ihren Eltern hielt. Ich war dabei, weil mein Sohn Lyle ebenfalls diese Schule besuchte. Maurice Evans, der damals von vielen Kritikern als der beste Shakespeare-Darsteller gerühmt wurde, erstaunte mich durch seine Nervosität und sein Lampenfieber, das er kaum verbergen konnte. Nach einigen Worten blieb er stecken und sagte: «Ich bitte um Entschuldigung — aber ich wußte nicht, daß ich — daß ich vor einem solch großen und wichtigen Auditorium — sprechen — sollte. Alles, was ich sagen wollte — habe ich — vergessen —.»

Damit hatte Evans die Sympathien der Zuhörer erst recht auf seiner Seite. Indem er offen zugab, daß er Lampenfieber hatte, gewann er sein Selbstvertrauen zurück, und seine Rede, die er sodann völlig frei hielt, erweckte bei jung und alt größte Begeisterung.

Während des Krieges hörte ich anläßlich eines Essens im Bellevue-Stratfort-Hotel einen hohen Marineoffizier über die Kriegsereignisse im Fernen Osten sprechen. Er hatte sich mehrfach durch hervorragende Tapferkeit ausgezeichnet, und die Zuhörer erwarteten eine spannende Rede mit grausamen und blutigen Kriegserlebnissen. Als der Redner sich erhob, zog er einige Blätter aus seiner Tasche und begann — sehr zur Enttäuschung der Zuhörer — seine Rede abzulesen. Er war außerordentlich gehemmt und nervös, versuchte es aber vor dem Publikum zu verbergen. Seine Hand zitterte so sehr, daß er Mühe hatte, sein Manuskript zu lesen, und schließlich stockte er und schwieg. Verlegen, aber mit sympathischer Bescheidenheit sagte er dann: «Ich fürchte mich vor Ihnen, verehrte Zuhörer, mehr als ich mich je vor einem Kampf gefürchtet habe.» Nach diesem ehrlichen Geständnis legte er seine Papiere beiseite und begann mit Selbstvertrauen und Sicherheit frei zu sprechen. Was er jetzt sagte, war hundertmal interessanter als alles, was er aufgeschrieben hatte.

Dieser Marineoffizier machte lediglich dieselbe Erfahrung, wie sie Maurice Evans gemacht hatte, wie ich sie machte und viele tausend andere Menschen auch: Wenn du je zitterst vor Angst, dann stehe dazu! Wenn du schlecht beieinander bist oder merkst, daß du Fehler machst, dann gib es offen und hundertprozentig zu!

Ich schrieb über dieses Thema einen Artikel für die Zeitschrift «Your Life». Kurz nach dessen Publikation erhielt ich folgenden Brief:

Irgendwo im Pazifik

Lieber Frank Bettger,

Ich habe soeben einen Artikel von Ihnen in der Septembernummer von «Your Life» gelesen. Der Titel lautet: «Wenn Du Angst hast — gib es zu!» und ich habe eben darüber nachgedacht, wie gut dieser Rat ist — gerade für uns Soldaten im Krieg.

Ich habe ähnliche Erfahrungen wie Sie gemacht: Vorträge in den höheren Schulen; Unterredungen mit Arbeitgebern, vor und nachdem ich eine Stelle erhalten hatte; das erste ernsthafte Gespräch mit einer gewissen jungen Dame — und immer wieder litt ich unter der gleichen, unüberwindlichen Angst.

Sie wundern sich wahrscheinlich, weil ich Ihnen von hier aus schreibe, wo ich sicherlich keine öffentlichen Ansprachen halten und auch keine Stelle suchen muß. Trotzdem weiß ich, was Angst ist und wie man darunter leiden kann. Wir Soldaten haben herausgefunden, daß Ihr Ratschlag auch sehr nützlich ist, wenn man einen Angriff erwartet.

Immer wieder haben wir es erlebt, daß diejenigen, die nie ihre Angst zugeben, meistens vor dem Feind versagen. Gibt man jedoch zu, daß man schlottert vor Angst, und gibt man sich gar nicht erst die Mühe, sie zu verbergen, dann ist man meistens auf dem besten Weg, sie zu überwinden.

Und nun mögen Sie meinen Dank für Ihren Artikel entgegennehmen. Ich glaube, daß jedermann, der sich diese Ratschläge zunutze macht, Ihnen ebenfalls dankbar sein wird.

Mit freundlichem Gruß
Charles Thomson.

Sicherlich wurde dieser Brief aus der Feuerlinie unter schwierigen Umständen geschrieben. Und sicher befinden sich auch unter den Lesern viele, die oft schon vor dem Eingang eines Hauses auf und ab gegangen sind, und nicht den Mut fanden, einzutreten. Gehören auch Sie dazu? Dann denken Sie daran, daß die Frauen dieser «großen Männer» auch keine Angst haben vor ihnen, und daß es für jedermann ein Kompliment ist, wenn man zugibt, wie sehr man vor ihm Respekt hat.

Wenn ich zurückdenke, kommen mir die vielen schönen Gelegenheiten in den Sinn, die mir entgangen sind, weil ich Angst hatte, mit wichtigen Leuten zu sprechen. Meine Unterredung mit Archie Hughes brachte mich einen großen Schritt weiter. Ich hatte schon Angst, sein Büro zu betreten, und als ich vor ihm stand, zitterte ich. Hätte ich meine Angst nicht eingestanden, so wäre ich mit Bestimmtheit unverzüglich hinausgeflogen.

Diese Erfahrung versetzte mich in eine höhere Einkommensklasse. Ich stellte fest, daß dieser wichtige Geschäftsmann trotz seiner Bedeutung ein einfacher und zugänglicher Mensch war, ja seine Bedeutung lag gerade in seiner Einfachheit.

Es ist keine Schande, seine Angst zuzugeben, aber es ist lächerlich, nichts zu tun, um sie zu überwinden. Wenn Sie also je wieder einmal Hemmungen und Angst haben, das Wort an eine oder an hundert Personen zu richten, wenn Sie wiederum gegen die Angst ankämpfen müssen, dann erinnern Sie sich an die einfache Regel:

Wenn du Angst hast, gib es zu!

Zusammenfassung des 4. Teils

1. «Wenn du einen Menschen für deine Sache gewinnen willst», sagte Abraham Lincoln, «dann überzeuge ihn zuerst davon, daß du sein ehrlicher Freund bist.»

2. Wenn du überall gerne gesehen sein willst, dann begegne jedermann mit einem freundlichen, ehrlichen, von innen kommenden Lächeln.

3. Namen und Gesichter werden leichter in deinem Gedächtnis haften, wenn du dich an folgende drei Punkte erinnerst:

a) Beobachte gut! Präge dir Name und Gesicht eines Menschen ein.

b) Wiederhole den Namen in kurzen Abständen mehrmals.

c) Bringe den Namen mit irgendeinem bildhaften Eindruck in Verbindung und beziehe wenn möglich auch den Beruf mit ein.

4. Sei kurz! Ein Verkäufer kann nicht zu viel *wissen,* aber er kann zu viel *reden.* Der Vizepräsident der General Electric, Harry Erlicher, ist mit anderen Großeinkäufern der Ansicht, daß der größte Fehler eines Verkäufers darin liegt, wenn er zuviel spricht.

5. Wenn du Angst hast, eine hohe Persönlichkeit aufzusuchen, dann lasse deine Angst positiv wirken! Gestehe offen, daß du Hemmungen hast: damit sprichst du dem anderen ein Kompliment aus, und er wird dir *helfen,* dein Ziel zu erreichen.

5. TEIL

Der Weg zum Verkauf

Der «Verkauf» vor dem Verkauf

Als ich einmal an Deck eines großen Schiffes stand, das in den Hafen von Miami, Florida, einfuhr, sah ich etwas, das mich sehr beeindruckte und mir zeigte, daß ich bei der Werbung von Kunden noch viel lernen mußte. Ich befand mich auf einer Ferienreise, und meine Gedanken waren weit von jeder Verkaufstätigkeit entfernt.

Als das Schiff sich dem Pier näherte, hob ein Mann der Schiffsbesatzung etwas auf, das wie ein Baseball aussah, an dem eine Schnur befestigt war. Ein anderer Mann auf dem Pier streckte beide Arme seitwärts aus und ließ den Ball über seinen Kopf fliegen, wobei ihm die Schnur über einen Arm fiel. Und an dieser Schnur war ein dickes Seil befestigt, das er nun vom Deck durch das Wasser auf den Pier zog, wo er es an einem Eisenpfosten befestigte. Damit wurde das Schiff in die richtige Lage gebracht und konnte festmachen.

Der Kapitän, den ich über dieses Manöver befragte, sagte mir: «Das dünne Seil nennen wir die ,Hilfsschnur', und der Ball heißt ,Affenfaust'. Es wäre ausgeschlossen, das schwere Tau so weit zu werfen, daß man eine Verbindung mit der Pier herstellen könnte.»

Bei dieser Erklärung des Kapitäns dämmerte es mir, daß ich bei der «Landung» nur allzuviele Kunden *nicht erreichen* konnte, weil ich versucht hatte, sie gleich mit dem schweren

184

Tau zu erreichen. Zum Beispiel hatte mich vor wenigen Tagen ein En-gros-Händler regelrecht hinausgeworfen, weil ich ihn ohne vorherige Abmachung im Auslieferungsraum aufgesucht und ein Verkaufsgespräch vom Stapel gelassen hatte, bevor der Mann überhaupt richtig wußte, wer ich war und was ich wollte. Er gab mir ganz einfach zurück, was ich ihm angetan hatte. Wie konnte ich nur so einfältig sein!

Sobald ich aus meinen Ferien zurückkehrte, begann ich alles über «Kundenkontakte» zu lesen, was ich auftreiben konnte. Ich befragte ältere und erfahrene Verkäufer, und ich war erstaunt, einige von ihnen sagen zu hören: «Der erste Kundenkontakt ist der schwierigste Schritt zum Verkauf!»

Und nun wurde mir auch klar, warum ich so oft unsicher und nervös vor der Türe eines Kunden auf- und abgegangen war und nicht den Mut gefunden hatte, einzutreten: Ich hatte keine Ahnung, wie ich mich ihm nähern sollte! Ich befürchtete, abziehen zu müssen, ohne ein richtiges Verkaufsgespräch geführt zu haben.

Die besten Ratschläge über die Annäherung an den Kunden erhielt ich jedoch nicht bei meinen Kollegen, sondern bei den Kunden selbst. Aus ihren Antworten wurden mir vor allem *zwei* Dinge klar:

1. Die Kunden schätzen es nicht, wenn sie von einem Vertreter im Ungewissen gelassen werden, wer er ist, wen er vertritt und was er will. Benutzt ein Vertreter gewisse Tarnungs- und Täuschungsmanöver, so reagiert der Kunde sehr heftig. Hingegen schätzt man denjenigen Verkäufer, der bei seiner Vorstellung offen, ehrlich und klar ist, und der sofort auf den Zweck seines Besuches lossteuert.

2. Ist ein Vertreter nicht angemeldet, so erwartet der Kunde die Frage, ob es ihm paßt, wenn man seine Zeit jetzt in Anspruch nimmt, bevor man einfach ein Verkaufsgespräch anfängt.

Viele Jahre später hörte ich meinen Freund Richard Borden, der zu den besten amerikanischen Verkaufstrainern gehört, seinen Verkäufern folgenden Ratschlag geben: «Es hat wenig Sinn, ein Verkaufsgespräch an einen Kunden zu richten, dem man vorher nicht klar gemacht hat, daß es für ihn wichtig ist, zuzuhören. Benutzen Sie also die ersten zehn Sekunden jedes Interviews, um dem Kunden zu sagen, daß die Zeit, die er Ihnen opfern muß, kein Verlust ist. Mit anderen Worten: *Verkaufen Sie das Interview, b e v o r Sie dazu übergehen, Ihre Ware zu verkaufen!*

Wenn ich einen Kunden besuche, mit dem ich keine Abmachung getroffen habe, würde ich ungefähr wie folgt vorgehen: «Mr. Wilson, meine Name ist Frank Bettger von der Fidelity-Lebensversicherungsgesellschaft. Ihr Freund Vic Ridenour riet mir, bei Ihnen vorzusprechen, wenn ich wieder in Ihrer Gegend sei. Haben Sie einige Minuten Zeit, oder ist es Ihnen lieber, wenn ich später vorspreche?»

Üblicherweise lautet die Antwort: «Schießen Sie los!» oder: «Über was wollten Sie mit mir sprechen?»

«Über Sie!»

«Wieso über mich?» frägt der Kunde meistens zurück.

Und jetzt kommt der kritische Moment des Kontaktes! Wenn man nun keine klare und sichere Antwort bereit hat, wäre man besser nicht eingetreten.

Läßt man nun durchblicken, daß man ihm etwas verkaufen will, das Geld kostet, so bedeutet das für den Kunden praktisch, daß man ihm noch mehr Probleme aufbürden will. Der Kunde hat schon Sorgen genug, wie er alle seine Rechnungen zahlen soll, und wie er seine Ausgaben vermindern kann. Ist man aber bereit, mit ihm ein wirklich lebenswichtiges Problem zu diskutieren und ihm eine Lösung zu zeigen, dann wird er viel Verständnis dafür haben. Die Hausfrau hat keine Lust, mit einem Vertreter über die Kosten eines neuen Kühlschrankes zu sprechen, aber sie interessiert sich brennend dafür, wie sie die Ausgaben für Fleisch, Butter, Eier und Milch senken, wie sie Abfälle reduzieren und Geld sparen kann. Ein junger Kaufmann ist nicht am Beitritt zu einem kaufmännischen Verein interessiert, aber er brennt darauf, Freunde kennen zu lernen, bekannt zu werden, sich beruflich auszubilden und durch bessere Stellen mehr Geld zu verdienen.

Oft kann man sich einem Kunden auch erfolgreich nähern, ohne überhaupt ein spezielles «Landungsmanöver» vorzunehmen. Kürzlich erzählte einer meiner Freunde, der seit langem mit einem großen Fabrikationskonzern verassoziiert ist, die folgende Geschichte:

Ich befand mich auf meiner ersten Geschäftsreise außerhalb Philadelphias. New York City hatte ich noch nie gesehen, und der letzte Halt vor dem Ziel meiner Reise fand in Newark statt. Als ich das Büro meines Kunden betrat, befand sich dieser im Gespräch mit einem anderen Besucher. Auf dem Boden spielte das fünfjährige Töchterchen des Besitzers, ein süßes Mädchen, mit dem ich mich sofort anfreundete. Wir begannen zu spielen und unterhielten uns glänzend dabei. Als der Vater meiner kleinen Freundin frei war, sagte er: «Wir haben schon lange nichts mehr von Ihrer Gesellschaft gekauft.» — Doch ich ging nicht auf ein Verkaufsgespräch ein, sondern sprach gleich über seine kleine Tochter. Wir unterhielten uns über das Kind, und plötzlich sagte er: «Sie scheinen sich mit meiner kleinen Tochter gut zu verstehen. Möchten Sie mit uns an der Geburtstagsfeier teilnehmen, die wir heute abend geben? Wir wohnen gleich über dem Geschäft.»

Ich fuhr nach New York, und am Abend, nachdem ich mich im Hotel etwas ausgeruht hatte, kehrte ich nach Newark zurück, um an der Geburtstagsfeier teilzunehmen. Ich unterhielt mich glänzend und blieb bis Mitternacht. Als ich mich verabschiedete, erhielt ich von meinem Kunden den größten Auftrag, der bei unserer Gesellschaft je von ihm eingegangen war. Dabei hatte ich nicht einmal versucht, ihm etwas zu verkaufen; ich hatte mir nur Zeit genommen, mit seiner kleinen Tochter zu spielen, und dadurch hatte ich jene menschliche Brücke geschlagen, die sich immer bewährt.

Mein Freund ist zu bescheiden, um mir zu erlauben, seinen Namen zu nennen, aber seine Karriere spricht für sich: Er wurde bald Verkaufschef, dann Verkaufsdirektor und schließlich Präsident der Gesellschaft, die seit über 100 Jahren führend in der Branche ist. «Während meiner 25jährigen Tätigkeit als Verkäufer», erzählte er weiter, «habe ich herausgefunden, daß es keinen besseren Weg gibt, sich einem Kunden zu nähern, als herauszufinden, ob der Kunde irgendein Hobby hat und dieses dann ins Gespräch einzuflechten.»

Natürlich kennt man nicht immer irgendein «Hobby» eines Kunden, und es sind auch nicht immer kleine Kinder da, mit denen man spielen kann, aber man findet *immer* eine Möglichkeit, freundlich zu sein! Ein anderer Freund, mit dem ich kürzlich den Lunch einnahm, erzählte mir die folgende Geschichte:

188

Vor vielen Jahren, als ich eben angefangen hatte zu verkaufen, besuchte ich wieder einmal einen großen Fabrikanten in New York, bei dem mir bis dahin noch nie ein Geschäft gelungen war. Als ich das Büro des alten Herrn betrat, sagte er ärgerlich: «Es tut mir leid, doch heute habe ich wirklich keine Zeit — ich gehe soeben zum Mittagessen.»

Es war mir klar, daß nur noch irgendein Glücksfall die Situation retten konnte. Schnell sagte ich: «Würde es Ihnen etwas ausmachen, mich zum Essen mitzunehmen, Mr. Pitt?»

Er war wohl etwas erstaunt, sagte aber: «Gut, kommen Sie mit!»

Während wir aßen, sprach ich kein Wort über meine Geschäfte, und als wir wieder ins Büro zurückgekehrt waren, gab er mir einen kleinen Auftrag. Es handelte sich um die erste Bestellung, die wir je von ihm erhielten, doch es war der Anfang einer regen Geschäftsverbindung, die während vieler Jahre dauerte.

Vor einigen Jahren befand ich mich in Enid, Oklahoma. Dort erzählte man mir von einem Schuhverkäufer, namens Dean Niemeyer, der so etwas wie einen Weltrekord im Schuhverkauf aufgestellt hatte: Es war ihm gelungen, an einem einzigen Tag 105 Paar Schuhe zu verkaufen! Es handelte sich um einzelne, individuelle Verkäufe an siebenundachtzig Frauen mit ihren Kindern. Diesen Mann wollte ich kennenlernen. Ich suchte ihn in seinem Laden auf, um ihn zu fragen, wie er dieses Kunststück fertiggebracht habe. Er sagte: «Alles hängt vom Beginn ab! Der Verkauf findet eigentlich bereits am Eingang beim Empfang des Kunden statt. Dort entscheidet sich Erfolg oder Mißerfolg.»

Ich wunderte mich, was er darunter verstand und nahm mir die Mühe, ihn am gleichen Morgen unbemerkt bei der Arbeit zu beobachten. Er verstand es wirklich, den Kunden so zu behandeln, daß er sich wie zu Hause fühlte. Sobald eine Kundin den Laden betritt, geht er ihr entgegen und begrüßt sie freundlich lächelnd. Sein natürliches, offenes und hilfsbereites Wesen erweckt bei der Kundin bereits eine gewisse Befriedigung. Sie freut sich, *diesen* Laden und keinen anderen aufgesucht zu haben. Der Verkauf hat praktisch schon stattgefunden, bevor sie sich gesetzt hat.

Alle drei Verkäufer brachten bei ihrer Arbeit eines der wichtigsten Prinzipien zur Anwendung: sie haben dem Kundenkontakt größte Bedeutung beigemessen. Mit anderen Worten, sie haben zuerst sich selbst «verkauft».

Vom ersten Kontakt mit dem Kunden hängt es ab, ob er im Verkäufer nur den Mann sieht, der einen Auftrag will oder einen nützlichen Berater. Finde ich den Kontakt, so beherrsche ich später das Verkaufsgespräch; mißlingt mir der erste Schritt, so beherrscht der Kunde die Situation. Ich schließe dieses Kapitel mit dem Einleitungsgespräch, das ich seit vielen Jahren erprobt habe, und das mir unschätzbare Dienste geleistet hat. Es muß dem Leser überlassen bleiben, dieses Gespräch teilweise in sein eigenes Arbeitsgebiet zu transponieren.

Ich: Mr. Kothe, es ist mir nicht möglich, an der Farbe ihrer Krawatte oder an derjenigen Ihrer Augen Ihre Situation zu erkennen, so wenig wie ein Arzt meinen Gesundheitszustand feststellen könnte, wenn ich lediglich in seine Praxis käme ohne zu sprechen. Der Arzt würde mich schwerlich heilen können, nicht?
Kothe: (lächelnd) Nein.

Ich: Sehen Sie, Mr. Kothe, genau so geht es mir, wenn Sie mir nicht eine gewisses Maß von Vertrauen schenken. Damit ich Ihnen jetzt oder später einen Vorschlag unterbreiten kann, der Ihnen vielleicht nützlich sein wird, sollte ich Ihnen einige Fragen stellen. Würden Sie mir das erlauben?

Kothe: Gut! Was für Fragen haben Sie?

Ich: Wenn ich Ihnen nun einige Fragen stelle, die Sie nicht beantworten möchten, dann bin ich keineswegs beleidigt. Ich verstehe das sehr gut, doch wenn irgend jemand etwas von dem erfährt, was Sie mir mitteilen, dann wird er es von *Ihnen,* keinesfalls aber von *mir* erfahren. Alles, was Sie mir sagen werden, ist streng vertraulich.

Ich fand heraus, daß ich meine Fragen leichter vorbringen kann, wenn ich die erste Frage stelle, *bevor* ich meine Notizen, die ich zu diesem Zweck zusammengestellt habe, aus der Tasche ziehe. Wenn der Kunde die erste Frage beantwortet, ziehe ich mein Notizbuch aus der Tasche, ohne ihn aber aus den Augen zu lassen. Mein Fragensystem habe ich im Laufe vieler Jahre entwickelt, und es gibt mir ein komplettes Bild der allgemeinen Situation, in der sich der Kunde befindet. Außerdem gibt es mir Aufschluß über seine naheliegenden und seine zukünftigen Pläne. Ich gehe die Fragen so schnell wie möglich durch. Gewöhnlich benötige ich dazu — je nach den Antworten — 5 bis 10 Minuten.

Ich habe keine Hemmungen, die folgenden Fragen zu stellen: Welches wäre das minimale Einkommen, das Ihre *Frau* im Falle Ihres Todes benötigen würde?

Welches Minimaleinkommen würden Sie im Alter von 65 Jahren benötigen?

Wie hoch sind Ihre gegenwärtigen Vermögenswerte?
Warenlager, Wertpapiere, andere Sicherheiten?
Grundbesitz?
Bargeld heute?
Jahreseinkommen?
Lebensversicherungen?
Jahresprämien für Versicherungen?

Man braucht keine Hemmungen zu haben, ähnliche intime
Fragen zu stellen, wenn man sich die Mühe genommen hat, das
Einleitungsgespräch so zu führen, wie ich es eben beschrieben
habe. Dann stecke ich mein Notizbuch wieder so unauffällig
in die Tasche, wie ich es herausgezogen habe, und sage: «Und
nun meine letzte Frage, Mr. Kothe: Haben Sie irgendeine Lieb-
haberei, ein Hobby?»

Die Antwort auf diese Frage ist für mich meist erst später wertvoll. Nie erkläre ich dem Kunden beim ersten Gespräch mein
Fragensystem. Das weckt seine Neugierde und meine Chancen
für ein zweites Interview. Sobald ich meine Fragen gestellt
habe, verlasse ich den Kunden so rasch wie möglich. Ich sage
dann:

«Ich danke Ihnen für Ihr Vertrauen, Mr. Kothe. Ich werde
über die Sache nachdenken, und wenn ich eine Idee habe, die
Ihnen nützlich sein kann, werde ich mir erlauben, Sie anzurufen, damit wir etwas vereinbaren können. Sind Sie damit einverstanden?»

Gewöhnlich lautet die Antwort: «Ja!»

Je nachdem kann man auch gleich eine neue Unterredung fest-
legen. Dies muß von Fall zu Fall entschieden werden.

Wichtig! Die genauen Aufzeichnungen der beantworteten Fragen sollten in geeigneter Form, sei es in einem Ordner oder in einer Kartei, aufbewahrt werden, genau so wie ein Arzt über seine Patienten Buch führen muß. Dadurch kann man sich jederzeit über den Kunden informieren. Änderungen und geschäftliche Fortschritte müssen genau nachgeführt werden, so daß man mit dem Kunden jederzeit wohl orientiert über seine Angelegenheiten sprechen kann. Das gibt ihm das Gefühl, daß man an seinen Sorgen und Erfolgen teilnimmt, und daß er jederzeit mit einem darüber sprechen kann.

Ich bin nicht der Meinung, das Einleitungsgespräch sollte auswendig gelernt werden; hingegen ist es vorteilhaft, wenn man es aufschreibt und immer wieder durchliest und verbessert. Eines Tages wird man es souverän beherrschen, und auf diese Weise wird es auch nie eingedrillt wirken. Üben Sie das Gespräch mit Ihrer Frau, prüfen Sie es immer wieder, bis es ausgefeilt und Ihnen so geläufig ist, daß es ein Teil Ihrer selbst geworden ist.

Kurzfassung

1. Wirf nicht gleich das schwere Tau. Denke bei der «Landung» an die «Hilfsschnur»!

2. Die Einleitung des Verkaufsgespräches muß nur ein einziges Ziel verfolgen: das eigentliche Verkaufsgespräch zu «verkaufen». Das ist der «Verkauf» *vor* dem Verkauf!

Das Geheimnis, Verabredungen zu treffen

Seit einunddreißig Jahren bin ich Kunde des gleichen Coiffeurs, eines kleinen Italieners namens Ruby Day. Ein Onkel steckte ihn mit neun Jahren bereits in eine Coiffeurlehre, und Ruby war damals noch so klein, daß er auf einem Schemel stehen mußte, um seine Kunden zu rasieren. Heute sind sich Rubys Kunden einig, daß er wahrscheinlich zu den besten Haarschneidern der Welt gehört. Außerdem hat er ein sonniges Gemüt.

Trotz dieser guten Eigenschaften ging es mit Ruby im Jahre 1927 unaufhaltsam bergabwärts. Sein Geschäft ging so schlecht und er stand finanziell so mißlich, daß er für vier Monate seine Miete nicht bezahlen konnte, worauf der Besitzer des Hauses, in dem Ruby seinen kleinen Laden gemietet hatte, drohte, ihn hinauszuwerfen.

An einem Freitagnachmittag, als mir Ruby die Haare schnitt, fiel mir auf, daß er krank aussah. Ich fragte ihn, wo es fehle, und schließlich gestand er mir seine hoffnungslose Situation. Zudem hatte seine Frau einem weiteren Baby das Leben geschenkt.

Noch während wir sprachen, betrat ein anderer Kunde den Laden und wollte wissen, wie lange er warten müßte. Ruby sagte, es würde nicht lange dauern, so daß sich der Mann entschloß zu warten und sich mit einem Magazin beschäftigte. Da kam mir plötzlich ein Gedanke:

«Ruby», sagte ich, «warum arbeiten Sie eigentlich nicht auf Bestellung?»

«Oh, Mr. Bettger», sagte er, «das geht doch bei mir nicht. Niemand trifft mit einem Coiffeur eine Vereinbarung!»

«Warum nicht?» fragte ich zurück.

«Das mag angehen bei einem Anwalt oder bei einem Arzt», sagte er ungläubig, «doch niemand verabredet sich mit einem Coiffeur.»

«Trotzdem ist mir der Grund nicht klar», fuhr ich beharrlich fort, «bei meiner Arbeit glaubte ich es auch, bis ich eines besseren belehrt wurde. Ihre Kunden schätzen Ihre Bedienung, Ruby, aber sie schätzen es nicht, wenn sie lange warten müssen. Ich bin überzeugt, daß Ihr Kunde dort gerne eine Abmachung für eine ganz bestimmte Zeit jede Woche treffen würde, nicht?»

Der wartende Kunde hatte uns schon längst zugehört und stimmte sofort zu. Und schon hatte Ruby seinen ersten festen Kunden. Es wurde eine Zeit festgelegt, die jede Woche für ihn reserviert war.

«Da haben wir es schon!» sagte ich begeistert. «Und nun notieren Sie mich jeden Freitag morgen um 8 Uhr!»

Am nächsten Tag besaß Ruby eine Agenda. Er rief alle seine alten Kunden an, darunter auch solche, die seit Monaten nicht mehr in seinem Laden aufgetaucht waren. Und nach und nach gelang es ihm, seine Agenda so zu füllen, daß bald jeder Tag vollauf besetzt war. Seine finanziellen Sorgen gehörten in kurzer Zeit der Vergangenheit an. Seit zwanzig Jahren arbeitet Ruby ausschließlich auf Verabredung, und es gelang ihm, seine Kunden so daran zu gewöhnen, daß sie die Abmachungen genau einhalten, ja sie schätzen es sogar, denn sie sparen dadurch viel Zeit.

Heute besitzt R. B. Day ein wunderschönes eigenes Haus und ist ein wohlhabender, glücklicher Geschäftsmann geworden.

In einem Verkaufskurs erzählte ich diese Geschichte ebenfalls. Unter den Kursteilnehmern befand sich ein Taxichauffeur. Am Ende der Woche wartete er uns beim Ausgang und sagte lachend: «Nun bin ich auch ein Geschäftsmann geworden!» Wir fragten ihn, was er damit sagen wolle. «Nun», erklärte er uns, «als ich am Dienstagabend Ihre Geschichte von Ruby hörte, dachte ich mir, wenn ein Coiffeur auf Verabredung arbeiten kann, dann kann es ein Taxichauffeur auch. Jedenfalls wollte ich es versuchen. Am anderen Morgen mußte ich den Präsidenten einer großen Firma nach Glendale fahren, von wo aus er mit dem Zug weiterreisen wollte. Ich fragte ihn, wann er zurückkehren würde. Er nannte mir den Zug und erlaubte mir, ihn am Bahnhof wieder abzuholen. Als wir bei seinem Haus ankamen, schien er guter Laune zu sein und gab mir ein schönes Trinkgeld. Ich fand bald heraus, daß er die gleiche Reise jede Woche machte und manchmal Mühe hatte, einen Taxi zu bekommen. So kam es zu einer festen Abmachung für jede Woche. Mein Kunde nannte mir die Namen anderer Direktoren seiner Gesellschaft, mit denen ich vielleicht ähnliche Abmachungen treffen könnte. Als ich mit ihnen telefonierte, sagte ich, daß ich durch den Präsidenten der Firma empfohlen worden sei. Dadurch erhielt ich zwei neue, feste Aufträge. Und heute kaufte ich mir eine Agenda, und ich werde nicht ruhen, bis ich eine Liste fester Kunden habe, genau so wie es Ihr

Coiffeur auch getan hat. Jetzt fühle ich mich wie ein richtiger Geschäftsmann!»

Die gleiche Anregung machte ich noch anderen Leuten, und sie hat sich immer wieder bewährt.

Diese Geschäftsleute haben alle herausgefunden, was ich und tausend andere in allen Zweigen des Geschäftslebens auch entdeckt haben: die Kunden schätzen feste Abmachungen!

1. Man spart Zeit, und es verkürzt die enorme Zeitverschwendung, unter der so viele Leute leiden. Außerdem spart es auch die Zeit des Kunden.

2. Wenn wir einen Kunden um eine Verabredung bitten, zeigen wir ihm, daß wir seine Zeit zu schätzen wissen. Unbewußt schätzt er auch unsere Zeit höher ein. Wenn ich eine Verabredung habe, hört man mir aufmerksamer zu und mein Besuch gewinnt an Bedeutung.

3. Eine Abmachung erhebt den Besuch zu einem kleinen Ereignis und unterscheidet den Vertreter gleichzeitig von gelegentlichen, unangemeldeten Besuchern.

Die Grundlage des Verkaufs liegt im Kundenbesuch. Je mehr Kunden man besucht, um so größer ist die Chance des Erfolges. Das Geheimnis eines guten, nützlichen und wirkungsvollen Gesprächs aber liegt in dessen *Vorbereitung*, mit anderen Worten im «Verkauf» der Verabredung. Eine Abmachung läßt sich viel leichter verkaufen als ein Radio, ein Staubsauger, Bücher oder Versicherungen. Als mir das klar wurde, hatte ich viel gewonnen. Ich arbeitete von einer besseren Plattform aus.

197

Wenn ich einen Kunden anrufe, den ich schon kenne, frage ich nur nach einer Verabredung, und ich erhalte sie meistens, ohne weitere Fragen beantworten zu müssen. Gelange ich aber an neue Kunden, so werde ich mit aller Sicherheit gefragt: «Warum wünschen Sie mich zu treffen? Um was handelt es sich?»

Und hier ist der kritische Punkt! Sobald ich sage, daß ich irgend etwas verkaufen will, habe ich schon verloren, und die Chance, eine Abmachung zu treffen, wird verschwindend klein. Noch weiß ich nicht, ob der Kunde wirklich braucht, was ich verkaufen will. Ich muß also mein ganzes Interesse auf ein Interview konzentrieren, um diese Frage abklären zu können, und ich darf mich am Telefon nicht in ein Verkaufsgespräch ziehen lassen. Es kommt nur auf das Ziel an: eine Verabredung zu «verkaufen»!

Hier ein typisches Beispiel: Es gelang mir einmal, einen Geschäftsmann, der jede Woche seine zehntausend Kilometer im Flugzeug reiste, endlich ans Telefon zu bekommen. Das folgende Gespräch spielte sich ab:

Ich: Mr. Aley, hier spricht Frank Bettger. Ich bin befreundet mit Richard Flicker. Sie erinnern sich an Dick, nicht?

Aley: Ja.

Ich: Mr. Aely, ich bin Versicherungsvertreter. Dick war der Meinung, ich sollte Sie einmal treffen. Ich weiß, daß Sie sehr beschäftigt sind, möchte Sie aber fragen, ob wir uns diese Woche einmal fünf Minuten lang sehen könnten?

Aley: Was sagten Sie? — Versicherungen? Vor einigen Wochen habe ich gerade einige abgeschlossen.

Ich: Das ist ganz in Ordnung, Mr. Aley! Wenn ich versuchen sollte, Ihnen etwas zu verkaufen, dann ist es an Ihnen, dies zu verhindern. Können wir uns morgen um 9 Uhr für ein paar Minuten sehen?

Aley: Ich habe schon eine Verabredung um 9.30 Uhr.

Ich: Wenn ich länger als 5 Minuten bleibe, dann wird es sicher nicht meine Schuld sein, Mr. Aley.

Aley: Gut, aber dann kommen Sie um 9.15 Uhr!

Ich: Besten Dank, Mr. Aley, ich werde pünktlich dort sein.

Als ich ihn am anderen Morgen begrüßt hatte, zog ich meine Uhr aus der Tasche und sagte: «Sie haben eine andere Verabredung um 9.30 Uhr. Ich werde mich also auf genau 5 Minuten beschränken.»

Ich durchging meine Fragen so schnell wie möglich. Als die 5 Minuten um waren, sagte ich: «Meine 5 Minuten sind abgelaufen. Möchten Sie mich noch irgend etwas fragen, Mr. Aley?» Und während der der nächsten 10 Minuten sagte mir Mr. Aley alles, was ich wirklich über ihn erfahren wollte ...

Ich hatte Kunden, die mich eine volle Stunde über die mir erlaubten 5 Minuten zurückhielten; doch das war immer ihr Fehler, nicht meiner!

Ich kenne auch erfolgreiche Vertreter, die nicht auf feste Verabredung hin arbeiten; aber als ich mit ihnen darüber sprach, fand ich heraus, daß sie regelmäßig am gleichen Tage und ungefähr zu gleicher Zeit erscheinen. Mit anderen Worten: sie werden *erwartet!*

«Sie kommen nicht hierher!» Im Büro unserer Versicherungsgesellschaft hing stets in großen Buchstaben diese Mahnung an die Vertreter. Ich glaubte immer, daß sie richtig sei, bis ich einmal Harry Wright, ein bekanntes «Verkaufsgenie» an einer Versammlung sprechen hörte. «65 Prozent meiner Geschäfte werden in *meinem* Büro abgeschlossen», sagte er. «Ich habe mich

daran gewohnt, in jedem Fall auch mein Büro für eine Zusammenkunft vorzuschlagen, wobei ich hinzufügen möchte, daß wir hier ungestörter sprechen können und notfalls alle Unterlagen sofort zur Hand haben.»

Zuerst hatte ich Hemmungen, diesen Weg zu beschreiten, doch ich war erstaunt, wie viele Kunden ohne weiteres darauf eingingen. Sobald sie mein Büro betreten haben, dulde ich keine Unterbrechungen. Läutet mein Telefon, so antworte ich ungefähr wie folgt: «Oh, Hallo, Vernon! Kann ich Sie in ungefähr 20 Minuten nochmals anrufen? Ich habe soeben einen Kunden hier, den ich nicht aufhalten möchte. Vielen Dank! Ich melde mich wieder. Dann lege ich den Hörer auf und sage der Telefonistin, sie möchte mir keine Gespräche mehr weiterleiten, solange Mr. Thomas bei mir sei. Eine solche Bemerkung erfreut den Besucher immer.

Bevor mein Kunde geht, mache ich mir eine Ehre daraus, ihm diejenigen Angestellten vorzustellen, die mit seinem Auftrag irgendwie in Verbindung stehen.

Ich kenne viele Verkäufer, die sich ein Vernügen daraus machen, ihre Kunden durch ihre Büros und Fabriken zu führen, um ihnen zu zeigen, wo und wie die Waren, die sie kaufen, hergestellt werden.

Kunden, die schwer zu treffen sind

Durch die Praxis wird jeder Verkäufer die Technik, Verabredungen zu treffen, entwickeln. Trotzdem gibt es immer Kunden, die man sehr schwer treffen kann, obschon es sich manchmal gerade bei ihnen um die wichtigsten Kunden handelt. Hier sind einige Fragen, die sich in solchen Fällen als sehr nützlich erwiesen haben:

1. «Mr. Brown, wann ist die beste Zeit, um Sie zu treffen — am frühen Morgen oder am späten Nachmittag? Anfangs oder Ende der Woche? Könnte ich Sie vielleicht heute abend treffen?»

2. «Um welche Zeit gehen Sie zum Lunch? Könnten wir diese Woche einmal zusammen den Lunch einnehmen? Vielleicht morgen im Union-Club — sagen wir um 12 Uhr oder 12.30 Uhr . . .?»

3. Wenn der Kunde mich grundsätzlich sehen *will*, aber fast keine Zeit dazu hat, frage ich manchmal: «Haben Sie Ihren Wagen in der Stadt?» Sagt er nein, so biete ich ihm an, ihn in meinem Wagen heimzufahren und sage: «So können wir einige Minuten sprechen.»

4. Ich war immer wieder überrascht, wie viele Leute, die keine Abmachungen treffen wollen, dazu ohne weiteres bereit sind, wenn man den Zeitpunkt weit genug hinausschiebt. Wenn ich zum Beispiel am Freitagmorgen meinen Arbeitsplan für die kommende Woche zusammenstellte, telefoniere ich mit einem Kunden und sage: «Mr. Jones, am kommenden Mittwoch bin ich zufällig in Ihrer Gegend. Hätten Sie etwas dagegen, wenn ich schnell vorbeikäme?» In den meisten Fällen stimmt der Kunde zu. Dann frage ich, ob ihm der Vor- oder Nachmittag besser paßt, und oft nennt er mir eine ihm passende Zeit.

Wenn ich alle möglichen Anstrengungen unternommen habe, um einen Kunden zu treffen, und ich feststelle, daß er einfach keine Zusammenkunft will, dann vergesse ich ihn.

Einige meiner besten Kunden befinden sich unter denjenigen, die besonders schwer zu treffen waren. So erhielt ich zum Beispiel eine Empfehlung an einen bekannten Ingenieur in Philadelphia. Nachdem ich mehrmals telefoniert hatte, fand ich heraus, daß er selten im Büro war, und zwar nur morgens zwischen 7 und 7.30 Uhr.

Am anderen Tag betrat ich sein Büro und 7 Uhr. Es war im Winter und noch so dunkel wie in der Nacht. Mein Kunde saß an seinem Pult und studierte einige Briefe.

Plötzlich nahm er eine große Aktenmappe, stand auf und verließ schnurstracks das Büro, ohne mich überhaupt zu beachten. Ich folgte ihm zu seinem Wagen. Dort öffnete er den Kofferraum und sagte zu mir: «Über was wollten Sie mit mir sprechen?»

«Über Sie!» sagte ich.

Er antwortete: «Heute morgen habe ich für niemanden Zeit!»

«Wohin fahren Sie jetzt?» fragte ich.

«Nach Collingswood. New Jersey», sagte er.

«Darf ich Sie in meinem Wagen hinfahren?» fragte ich.

«Geht nicht», sagte er, «ich habe in meinem Wagen eine Menge Dinge, die ich heute brauche.»

«Würde es Ihnen etwas ausmachen, wenn ich mit Ihnen fahre?» fragte ich. «Wir könnten dann miteinander reden und Sie sparen Zeit.»

«Und wie wollen Sie zurückfahren?» fragte er. «Ich fahre nachher weiter nach Wilmingtown, Delaware.»

«Das überlassen Sie ruhig mir. Das ist kein Problem», sagte ich. «Gut steigen Sie ein!» sagter er grinsend.

Er kannte weder meinen Namen, noch wußte er, was ich mit ihm besprechen wollte. Trotzdem verließ ich ihn erst in Wilmingtown und fuhr mit dem Zug nach Philadelphia zurück. In der Tasche hatte ich einen unterschriebenen Kontrakt.

Ich fuhr in Zügen nach Baltimore, Washington und New York, einzig und allein mit dem Zweck, mit Leuten zu sprechen, die ich sonst nie hätte treffen können.

Wie ich lernte, das Telefon richtig zu benützen

Ich gewöhnte mir an, ständig genügend Kleingeld in meiner Tasche mitzuführen, um jederzeit ein öffentliches Telefon benützen zu können. Manchmal verließ ich sogar mein Büro, um eine Kabine aufzusuchen, wo ich ungestörter als an meinem Arbeitsplatz sprechen konnte.

Wenn ich am Freitagvormittag meinen Wochenplan zusammenstellte, telefonierte ich jeweils fast mit allen Leuten, die ich in der kommenden Woche treffen wollte.

Oft gelang es mir, einen großen Teil der Woche mit festen Abmachungen zu belegen.

Lange hatte ich nicht den Mut, für einen Kunden, den ich am Telefon nicht erreichen konnte, die Nachricht abzugeben, er möchte mich bitte anrufen. Wenn ich ihn selbst immer und immer wieder anrief, erweckte ich den Eindruck, ich wolle ihn in *meinem* persönlichen Interesse treffen. Hinterließ ich jedoch eine Meldung, er möge mich anrufen, so erhielt er den Eindruck, daß ich ihm etwas mitzuteilen habe, das *ihn* angehe, etwas, das ihn persönlich betreffe.

Sobald es mir klar wurde, wie wichtig es ist, zuerst eine Verabredung an den Mann zu bringen, gelang es mir, jedes Interview, das mir wichtig war, einzufädeln.

Noch einmal sei die Regel, die ich so mühsam erlernen mußte, wiederholt:

Erstens: Verkaufe die Verabredung!

Zweitens: Verkaufe deine Ware!

Wie ich lernte, die Hilfe von Sekretärinnen und
Telefonistinnen zu gewinnen

Letzte Woche nahm ich meinen Lunch im Union-Club ein, und
bei dieser Gelegenheit wurde mir eine ausgezeichnete Lektion
über die Frage, wie man Sekretärinnen und Telefonistinnen zu
behandeln hat, erteilt. Donald E. Lindsay, Präsident der Muling
Manufacturing Company, erzählte uns die folgende Geschichte:

Heute früh kam ein Vertreter in unsere Fabrik und wollte mich
sprechen. Meine Sekretärin fragte ihn, ob er eine Verabredung
habe. «Nein», sagte der Vertreter, «aber ich habe einige Informationen für ihn, die er wünscht.» Meine Sekretärin fragte den
Mann nach seinem Namen und wen er vertrete. Er nannte seinen Namen, sagte aber, es handle sich um eine *persönliche*
Angelegenheit.

Meine Sekretärin sagte hierauf: «Ich bin Mr. Lindsays Privat-
sekretärin. Vielleicht kann ich die Sache erledigen, denn Mr.
Lindsay ist jetzt gerade sehr beschäftigt.»

«Es handelt sich jedoch um eine *persönliche* Sache», insistierte
der Vertreter. «Es wäre besser, wenn ich persönlich mit Mr.
Lindsay sprechen könnte.»

Zur selben Zeit, erzählte Lindsay, war ich in einem entlegenen
Teil der Fabrik tätig. Ich arbeitete mit zwei Mechanikern an

einer Maschine, die ihnen Schwierigkeiten bereitete. Ich hatte schmutzige Hände, wusch mich und begab mich auf den Anruf meiner Sekretärin in mein Büro.

Ich kannte den Vertreter nicht, doch er stellte sich vor, schüttelte mir die Hand und fragte, ob er mich einige Minuten in meinem Privatbüro sprechen könne. Ich sagte: «Um was handelt es sich?» Er antwortete: «Es handelt sich um eine ganz persönliche Sache, Mr. Lindsay, doch ich kann sie in wenigen Minuten erledigen.»

Als wir in meinem Büro saßen, sagte der Mann: «Mr. Lindsay, wir haben ein neues Prämiensystem eingeführt, das Ihnen viel Geld sparen kann. Die Angelegenheit kostet Sie nichts; wir brauchen nur einige Informationen, die wir ganz vertraulich behandeln werden.»

Mit diesen Worten zog er einen Notizblock aus der Tasche und begann, Fragen zu stellen. Ich unterbrach ihn: «Einen Moment! Sie wollen mir etwas verkaufen, nicht wahr? Wen vertreten Sie?»

«Entschuldigen Sie, Mr. Lindsay, aber . . .»

«Welche Gesellschaft vertreten Sie?» fragte ich erneut.

«Die ABC Versicherungs-Gesellschaft. Ich . . .

«Hinaus mit Ihnen!» schrie ich. «Sie sind hier durch ein Täuschungsmanöver eingedrungen. Wenn Sie nicht sofort verschwinden, werfe ich Sie hinaus!»

Lindsay war in der Ringermannschaft der Universitätsstudenten von Pennsylvania ein gefürchteter Gegner. Da wir ihn gut genug kannten, amüsierte uns seine Erzählung sehr, denn es hätte ihm keine Mühe gemacht, den Vertreter wirklich hinauszuwerfen. Und er hätte es auch getan, wenn jener nicht sofort gegangen wäre.

Es handelte sich um einen gut aussehenden Vertreter, der auch ausgezeichnet sprechen konnte, erzählte uns Lindsay. Wir wollen darum diesen Fall etwas analysieren:

1. Er hatte keine Abmachung getroffen. Die gewählte Zeit war für Mr. Lindsay denkbar ungünstig, was meistens der Fall ist, wenn man nicht erwartet wird.

2. Er sagte der Sekretärin wohl seinen Namen, doch damit konnte sie nichts anfangen, denn der Frage «Wen vertreten Sie?» wich er aus. Das erweckt immer Verdacht.

3. Als die Sekretärin ihm sagte, Mr. Lindsay sei sehr beschäftigt, benahm er sich so, als ob er ihr keinen Glauben schenkte, was sie ihm übel nahm.

4. Er erzwang sich den Eintritt durch eine Täuschung. Damit verlor er jede Chance, je wieder bei diesem Kunden vorzusprechen. Obschon er eine gute Gesellschaft vertrat, verdarb er für alle Zukunft auch jedem anderen Vertreter seiner Gesellschaft das Geschäft.

Meine Erfahrung bei vielbeschäftigten Geschäftsleuten lehrte mich, daß es sich hier eher um eine Frage des gesunden Menschenverstandes handelt, und nicht um schlaue Tricks. Viele Vertreter scheinen nicht begreifen zu wollen, daß eine Sekretärin sehr wichtig sein kann. In vielen Fällen ist sie die wahre Macht «hinter dem Thron»! In den meisten Fällen fand ich heraus, daß man sich am besten der Sekretärin anvertraut, wenn man den Chef treffen will. Schenkt man ihr Vertrauen, dann wird sie einen sicher ins «Heiligtum» führen, denn was die Zeit ihres Chefs anbetrifft, so hat sie sehr oft das Heft in den Händen. Arbeiten wir mit der Sekretärin eines Mannes gut zusammen, dann bedeutet dies, daß seine «rechte Hand» *für* uns arbeitet. Ich bin immer am besten gefahren, wenn ich eine Sekretärin ins Vertrauen zog, wenn ich offen und ehrlich zu ihr war und ihre Stellung respektierte.

Wenn ich neue Kunden suche, dann probiere ich immer, den Namen der Sekretärin von anderen Angestellten zu erfahren. Das versetzt mich in die Lage, sie mit Namen anzusprechen. Ihr Name wird auch auf meiner Kundenkarte notiert, so daß ich ihn nicht vergessen kann. Telefoniere ich später, um eine neue Besprechung vorzubereiten, sage ich: «Fräulein Müller, guten Tag! Hier spricht Mr. Bettger. Könnten Sie mir heute für zwanzig Minuten den Weg zu Mr. Harshaws ‚Heiligtum' öffnen?»

Ich weiß, daß es viele Telefonistinnen und Sekretärinnen gibt, die es als ihre wichtigste Aufgabe erachten, Vertreter abzuweisen. — Trotzdem glaube ich nicht, daß Tricks und Täuschungsmanöver der Weg sind, mit ihnen fertig zu werden. Ein schlauer Verkäufer, der über genügend Persönlichkeit verfügt, wird es hin und wieder fertigbringen, ein Interview zu erzwingen, ohne daß er den wahren Grund angibt. Mit guten Nerven und einem guten Mundwerk kann man vielleicht eine gewisse Zeit auf dieser Basis arbeiten, doch auf die Dauer überlistet man Sekretärinnen am besten dadurch, daß man es überhaupt nicht probiert!

Eine Idee, die mein Einkommen erhöhte

Immer wieder war ich darüber erstaunt, wie viele der Grundsätze, die ich im Verkauf mit Erfolg anwandte, sich bereits im Baseballsport bewährt hatten.

Als ich noch im Greenville-Team spielte, sagte unser Manager eines Tages zu mir: «Frank, wenn du besser schlagen könntest, würden sich die großen Clubs um dich reißen!»

«Könnte man das nicht lernen?» fragte ich.

«Jesse Burkett», sagte Tommy, «war nicht besser als du, und doch wurde er einer der berühmtesten Schläger!»

«Und wie hat er dieses Kunststück fertiggebracht?» fragte ich ungläubig.

«Burkett beschloß eines Tages, das Schlagen unter allen Umständen zu *erlernen*», erklärte Tommy, «und er begann damit, daß er regelmäßig jeden Morgen 300 Bälle schlug. Er gab einigen Jungen, die ihm dabei halfen, ein Trinkgeld. Bevor er sich daran machte, einen Ball zu treffen, übte er einen freien, ausgeglichenen Schlag, der sich mit der Zeit so verbesserte, daß er sozusagen vollkommen wurde.» —

Die Geschichte gefiel mir, und ich beschloß, das Experiment zu wagen. Meine Teamkameraden rieten mir ab. Es gab nur zwei berühmte Spieler, die sich je ein Training von dieser Intensität zugemutet hatten. «Du bist verrückt», sagte man mir, «ein Nordländer kann die südliche Sonne nicht am Vormittag und am Nachmittag ertragen!» Nur einer, mein Kamerad Ivy Wingo, erklärte sich bereit, mitzumachen. Und so zogen wir mit einigen Jungen jeden frühen Morgen auf den Spielplatz, und jeder von uns schlug seine 300 Bälle.

An unseren Handflächen zeigten sich ganz hübsche Blasen, die ein bißchen schmerzten, doch daneben bereitete uns dieses Training viel Vergnügen. Im gleichen Sommer wurden Ivy und ich an die St. Louis Cardinals verkauft.

Was hat das alles mit Verkauf zu tun? Sehr viel! Zehn Jahre später, nachdem ich das Baseballspiel längst aufgegeben hatte und bereits seit einigen Jahren Vertreter war, wurde ein anderer Verkäufer, ein hübscher Bursche aus dem Süden, namens Fred Hagen, von unserer Agentur in Atlanta nach Philadelphia versetzt. Seine Verkaufserfahrung erstreckte sich jedoch nur auf die Farmer im Süden, und das zwang ihn, seine Methoden etwas umzustellen. Ich erhielt den Auftrag, ihn unter meine Fittiche zu nehmen.

Ich erzählte Fred zuerst die Geschichte von Jesse Burkett und diejenige meines Freundes Ivy und mir. Fred fand Gefallen daran, und er bestand darauf, von mir möglichst viele Verkaufsgespräche hören zu wollen. So kam es, daß wir uns gegenseitig mit Interviews bombardierten, bis wir sie vollkommen auswendig konnten. Wir machten uns einen Sport daraus, und je länger wir übten, um so mehr Gefallen fanden wir daran. Wir probierten unsere Gespräche mit unseren sämtlichen Bekannten — mit dem Resultat, daß ich viel mehr Kundenbesuche machte als vorher. Sobald die Besuchskurve eines Vertreters sinkt, be-

deutet das, daß er keine Begeisterung mehr für ein Verkaufsgespräch aufbringt.

Ein Journalist wollte nach der fünfundsechzigsten Vorstellung
des Hamlet den berühmten Schauspieler John Barrymoore sprechen. Er war sehr erstaunt, anderthalb Stunden warten zu
müssen, weil Barrymoore — so sagte man ihm — noch mit
einer Probe beschäftigt war. «Ich bin sehr überrascht, Mr.
Barrymoore», sagte der Zeitungsmann, als der Künstler endlich
kam, «daß Sie nach der fünfundsechzigsten Hamletaufführung
noch weitere Proben abhalten müssen, wo man Sie doch als den
größten Hamlet-Darsteller aller Zeiten feiert!» John Barrymoore lächelte. Dann sagte er: «Seit fünf Monaten studiere und
repetiere ich neun Stunden im Tag meine Rolle. Ich glaubte nie,
daß sie sich je in meinem Gedächtnis festsetzen würde, und
mehrmals war ich daran, sie überhaupt aufzugeben. Ja, ich war
sogar so weit, daß ich zweifelte, überhaupt den richtigen Beruf
ergriffen zu haben. Vor einem Jahr noch wollte ich die Bühne
an den Nagel hängen — und jetzt sagt man, ich sei ein Genie!
Ist das nicht komisch?»

Als ich diese Geschichte las, befanden wir uns in einer Krise.
Ich bat unseren Verkaufschef, unseren Vertretern eine Demonstration geben zu dürfen. Er blickte mich etwas ungläubig an,
denn bisher war so etwas in unserer Agentur nicht vorgekom-
men. Das stachelte meinen Ehrgeiz an, und ich übte meine
Sache immer wieder, so oft, bis ich sie völlig frei beherrschte.
Je mehr ich mich damit vertraut machte, um so mehr begeisterte
sie mich. Ich kam auf immer neue Gedanken und konnte meine
Methode immer mehr vervollkommnen. Kurz nach meiner
Demonstration gelang mir ein großer Abschluß, den ich nie
fertiggebracht hätte, wenn ich nicht durch meine vielen Wie-
derholungen auf ganz neue Ideen gekommen wäre. Immer,

wenn man mich bat, einen Verkaufsabschluß vor einer kleinen oder größeren Gruppe zu demonstrieren, habe ich vermutlich selbst viel mehr profitiert als meine Zuhörer. Es ist natürlicher Ehrgeiz, der einen in solchen Fällen dazu treibt, eine Sache möglichst vollkommen zu produzieren.

Kurz vor seinem Tode sprach vor einer unserer größten Vertreter-Organisation Knut Rockne, der berühmte Fußballspieler von «Notre Dame». Seine Worte bedeuteten für mich eine außerordentlich wertvolle Anregung. Er sagte unter anderem:

Unser Club besteht aus etwa dreihundert Männern, teilweise sind es Veteranen und teilweise junge Nachwuchsspieler. Sie befinden sich ständig im Training, wobei die Grundregeln so oft und immer wieder geübt werden, bis sie den Spielern praktisch in Leib und Seele eingegangen sind. Wenn sich diese Spieler dann in der Praxis bewähren müssen, brauchen sie während des Spiels keine Überlegungen mehr anzustellen, was nun in diesem oder jenem Fall zu tun sei. Das gleiche Prinzip läßt sich beim Verkauf anwenden. Wer beim «Verkaufsspiel» ein Star werden will, muß die Grundregeln seines Berufes so beherrschen, daß sie Teil seiner selbst werden. Er muß fähig sein, einen Kunden, der die unmöglichsten Ausflüchte vorbringt, mit ruhiger Sicherheit wieder auf den Weg zurückzubringen, der zum Verkaufsabschluß führt, jedoch so, daß dieser Vorgang ganz natürlich erscheint. Diese Fähigkeit kann so entwickelt werden, daß sich der Arbeitgeber eines Tages gratulieren kann, uns angestellt zu haben. Sie wird jedoch nur erreicht durch Übung, Übung und nochmals Übung!

Das ist es, was John Barrymoore davon abhielt, aufzugeben, und was ihm den Ruhm einbrachte, der größte Hamlet-Darsteller seiner Zeit zu sein. Das ist es auch, was Jesse Burkett

von einem schwachen Schläger zu einer unsterblichen Baseball-
kanone machte, und das ist es, was mir half, sowohl beim
Baseball wie in meinem Beruf als Vertreter *höhere* Einkom-
mensklassen zu erringen.

Kurzfassung

1. Die beste Gelegenheit, ein Verkaufsgespräch vorzubereiten
   ist, wenn man gerade eines beendet hat. Alles, was man hätte
   sagen sollen, aber auch alles, was besser unterblieben wäre,
   ist noch frisch im Gedächtnis.

2. Schreibe dein Verkaufsgespräch Wort für Wort auf! Lies es
   immer wieder! Feile es aus! Probiere es mit deiner Frau.
   Wenn es schlecht ist, wird sie dich darauf aufmerksam machen. Besprich es mit deinem Arbeitgeber oder Verkaufschef.
   Übe es so lang, bis es dich begeistert.

Denke an die Worte Knut Rocknes: Übung, Übung und nochmals Übung!

Wie man den Kunden aktiv am Verkauf beteiligen kann

Ein altes chinesisches Sprichwort sagt: «Ein einziges Beispiel ist mehr wert als tausend Worte.»

Ich habe erfahren, daß man nie etwas sagen sollte, das man nicht durch ein Beispiel illustrieren kann. Noch besser: illustriere nie etwas, das du dem Kunden suggerieren kannst, so daß er selbst die Demonstration des Beispiels ausführt! Lasse den Kunden selbst *aktiv* werden und rege ihn an, mitzumachen. Mit anderen Worten: lasse ihn beim Verkaufsabschluß mithelfen!

Die folgenden Beispiele sollen zeigen, *wie* es möglich ist, durch bildhafte Beispiele den Verkauf zu fördern, und den Kunden für seine Ideen zu gewinnen.

1. General Electric und andere Beleuchtungsfirmen hatten seit Jahren versucht, die Schulbehörden davon zu überzeugen, daß die Schulzimmer mit modernen Beleuchtungsanlagen versehen werden sollten. Unzählige Besprechungen und Konferenzen wurden abgehalten — Tausende von Worten —, doch alles ohne Erfolg. Plötzlich kam ein Vertreter auf die Idee, ein Beispiel zu zeigen. Als er wieder einmal der versammelten Schulbehörde einer Stadt die Vorzüge moderner Beleuchtung demonstrieren mußte, nahm er einen Stab aus dünnem Stahl mit. Er hob ihn an beiden Enden über seinen Kopf und sagte: «Sehen Sie, meine Herren, ich kann diesen Stahl biegen — und wenn

ich ihn loslasse, geht er dank seiner Elastizität in seine frühere Form zurück. Biege ich ihn aber nur 1 Millimeter *über* einen gewissen Punkt, dann leidet der Stahl und verliert seine Elastizität, so daß er nicht mehr in seine Ausgangsstellung zurückschnellt. Genau so ist es mit den Augen der kleinen Kinder in Ihren Schulzimmern, meine Herren! Sie vermögen zwar auch einiges auszuhalten, mutet man ihnen aber zuviel Anstrengung zu, so bedeutet dies eine fortlaufende Verminderung der Sehkraft!»

Das Ergebnis dieser Worte bestand in Geldsammlungen, und die neue Beleuchtung wurde unverzüglich installiert!

2. Das nächste Beispiel soll zeigen, wie ein so unbedeutendes Ding wie ein brennendes Streichholz dazu beigetragen hat, einen in ganz Amerika bekannten Kühlschrank einzuführen und eines der wichtigsten Hindernisse im Verkauf durch eine kleine Demonstration zu verhindern. Indem er der Kundin ein brennendes Streichholz entgegenhielt, sagte der Verkäufer: «Frau Braun, unser Kühlschrank läuft absolut geräuschlos — er macht nicht mehr Lärm als dieses brennende Streichholz!»

3. Viele Vertreter arbeiten gerne mit Zahlen, die sie dem Kunden unterbreiten. Ich habe herausgefunden, daß es viel wirkungsvoller ist, wenn man den Kunden dazu veranlassen kann, gewisse Berechnungen *selbst* zu machen. Ich sage zum Beispiel: «Mr. Henze, darf ich Sie bitten, die folgenden Zahlen zu notieren ...?» Das steigert seine Aufmerksamkeit, hält sein Interesse wach, und er hat das Gefühl, sich selbst in meine Berechnungen eingeschaltet zu haben. Meine Überlegungen werden ihm besser verständlich, und er überzeugt sich mit seinen eigenen Zahlen. Mit anderen Worten: Ich veranlasse ihn, selbst *aktiv* am Verkaufsgeschäft teilzunehmen.

4. In einer Verkaufsschule hielt ich einen Vortrag über Verkaufstechnik bei einer Drogistenvereinigung. Ein Kaufmann, der sich mit dem Verkauf von Wollstoffen befaßte, hörte zufällig, wie ich als Beispiel einem «Kunden» eine neuartige Zahnbürste verkaufte. Indem ich dem Kunden ein starkes Vergrößerungsglas in die Hand drückte, bat ich ihn, damit eine gewöhnliche und die *neue* Zahnbürste zu betrachten. Dann sagte ich: «Betrachten Sie einmal die Borsten, und dann achten Sie auf den Unterschied!» Der Stoffhändler hatte soeben mehrere Kunden verloren, weil sie einen anderen Lieferanten vorzogen, der billiger liefern konnte, und es war ihm nicht gelungen, seine Kunden davon zu überzeugen, daß sich der Mehrpreis für eine bessere Qualität bezahlt machen würde. Er ging dann dazu über, ein Vergrößerungsglas in der gleichen Weise zu verwenden, wie ich es mit der Zahnbürste getan hatte. «Ich war überrascht», so erzählte er mir später, «zu sehen, wie meine Kunden sofort den Unterschied in der Qualität begriffen. Mein Umsatz steigerte sich sofort.»

5. Ein New Yorker Konfektionär erzählte mir, daß er seinen Umsatz in Herrenanzügen um vierzig Prozent steigern konnte, als er in seinem Schaufenster einen kleinen Film vorführte. Darin wurde ein schlecht gekleideter Mann gezeigt, der sich um eine Anstellung bewarb, jedoch abgewiesen wurde. Der zweite Bewerber, tadellos gekleidet, erhielt die Stelle. «Gute Kleider sind die beste Kapitalanlage!» Mit diesem Slogan schloß der Film.

6. Mein Freund Dr. Oliver Campbell, der eine ausgezeichnete Zahnarztpraxis hat, macht sehr oft auf eigene Rechnung Röntgenbilder von den schadhaften Zähnen seiner Patienten. Mit einem Projektionsapparat vergrößert er die Bilder vor den Augen des Patienten, so daß dieser selbst die kranken Zähne

sehen kann. Damit konnte Dr. Campbell seinen Kunden begreiflich machen, wie wichtig es ist, seine Zähne richtig zu behandeln, bevor es zu spät ist.

7. Das folgende Beispiel habe ich oft bei sehr vermöglichen Männern angewandt, um eine Situation deutlich zu machen. Ich zog meinen Füllfeder aus der Tasche und legte ihn vor dem Kunden auf den Tisch. Auf das eine Ende legte ich einen Vierteldollar und auf das andere ein 10-Centstück. Dann sage ich: «Wissen Sie, was das bedeutet, Mr. Mehrer?» Gewöhnlich lautet die Antwort: «Nein, was soll das?» Dann sage ich lächelnd: «Der Vierteldollar ist das, was Sie heute besitzen, und die 10 Cents sind das, was für Ihre Frau und die Kinder nach Ihrem Ableben übrigbleibt, wenn die staatlichen Vermögensverwalter Ihr Erbe liquidiert haben und alle Außenstände und Steuern beglichen sind.» Dann sage ich: «Darf ich Ihnen eine Frage stellen? — Nehmen wir einmal an, Sie wären letzten Monat gestorben. Sie und ich — wir wären die Vermögensverwalter. Wir wären gezwungen, drei Fünftel des Vermögens flüssig zu machen, um alle Ausgaben zu begleichen. Wie machen wir das?» — Dann lasse ich den Kunden reden!

Auf dem Gebiet der praktischen Demonstration wurden in den letzten Jahren große Fortschritte und Erfolge erzielt. Diese Methode ist von größter Wirksamkeit, wenn es gilt, dem Kunden Gedankengänge begreiflich zu machen. Nutzen Sie diese Erkenntnis in Ihrer Arbeit genügend aus?

Kurzfassung

«Ein einziges Beispiel ist mehr wert als tausend Worte.»

Wenn immer möglich, zeige dem Kunden eine praktische Demonstration, so daß er selbst *aktiv* am Verkaufsabschluß mitwirkt.

Wie ich neue Kunden finde
und die alten zu begeisterten Helfern mache

Kürzlich habe ich mir die Mühe genommen, aufzuschreiben, wie viele Automobile ich im Laufe der Jahre gekauft habe. Im ganzen waren es dreiunddreißig Wagen. Und wieviele Verkäufer glauben Sie, haben mir diese Autos verkauft? Genau dreiunddreißig! Ist das nicht eigenartig? Kein einziger dieser Verkäufer hat je wieder den Versuch unternommen, mit mir in Kontakt zu treten. Alle diese Leute, die so großes Interesse an mir nahmen, *bevor* ich kaufte, schienen wie vom Erdboden verschwunden, sobald der Wagen verkauft war. Niemand hat sich je die Mühe genommen, einmal zum Telefon zu greifen, um sich zu erkundigen, wie ich mit dem Wagen zufrieden sei.

Ist das ungewöhnlich? Keineswegs! Ich habe über 15 000 Kursteilnehmer in allen Teilen Amerikas gefragt, ob sie ähnliche Erlebnisse gehabt hätten, und mehr als die Hälfte hatte prompt die Hand erhoben.

Soll das heißen, daß der Verkauf eines Autos etwas ganz anderes sei als bei anderen Artikeln? Fährt der Autoverkäufer besser, wenn er seine Kunden sofort nach Abschluß eines Verkaufs vergißt sich auf die Suche nach neuen Interessenten macht? Nun, jedenfalls stünde das im Widerspruch zum Motto, das eine große Verkaufsorganisation ihren Vertretern mitgibt: *Vergiß nie einen Kunden, und lasse nie einen Kunden dich vergessen!*

Dieses Motto stammt von einer Automobilfabrik: der *Chevrolet Motor Company.* Die Befolgung dieses Grundsatzes hat die Chevrolet-Gesellschaft an die Spitze aller Autoverkäufe — verglichen mit anderen Marken — gebracht, und Chevrolet hat während der letzten fünfzehn Jahre, für die die Verkaufsziffern bekanntgegeben wurden, die erste Stelle in der Verkaufsstatistik aller Marken während dreizehn Jahren halten können!

*

Es ist selbstverständlich, daß jeder, der etwas kaufen will, Höflichkeit, Aufmerksamkeit und Dienstbereitschaft erwartet. Darüber brauchen wir keine Worte zu verlieren. Betrachten wir dieses Thema einmal ganz offen von unserem rein egoistischen Standpunkt aus.

Wenn ich auf die langen Jahre meiner Verkaufstätigkeit zurückblicke, bedaure ich es sehr, daß ich nicht die doppelte Zeit meiner Tätigkeit darauf verwandt habe, die Interessen und Bedürfnisse meiner Kunden besser und intensiver zu studieren. Ich meine das aufrichtig und wörtlich! Allein meine Rapporte und Statistiken könnten es hundertfach beweisen, daß die Befolgung dieser Regel mir mit weniger Nervenkraft und mit geringerer Anstrengung ein größeres Einkommen verschafft hätte.

Wenn ich noch einmal von vorne anfangen müßte, dann würde ich Chevrolets Motto groß über meinem Schreibtisch aufhängen und befolgen: Vergiß nie einen Kunden, und lasse nie einen Kunden dich vergessen!

Vor Jahren kaufte ich ein ziemlich großes Haus. Es gefiel mir über alle Maßen; doch als ich die Verträge unterschrieben hatte, mußte ich mich fragen, ob ich mir finanziell nicht zuviel zugemutet hätte. Ich begann mir Sorgen zu machen.

Zwei oder drei Wochen nachdem ich eingezogen war, telefonierte mit mir der Liegenschaftsvermittler, der mir das Haus verkauft hatte, und bat mich um eine Unterredung. Es war an einem Samstagmorgen, und als er ankam, war ich neugierig, was er zu sagen hätte. Er gratulierte mir herzlich, dieses Haus gewählt zu haben, und er erzählte mir allerlei aus der Geschichte der Liegenschaft und der umliegenden Landschaft. Später machten wir zusammen einen kleinen Spaziergang in die Umgebung. Er zeigte mir andere Häuser und nannte mir die Namen ihrer Besitzer, darunter einige sehr prominente Leute. Das hob mein Selbstgefühl und machte mich stolz auf meinen neuen Besitz. Der Vermittler zeigte nun, da das Haus längst verkauft war, eher noch mehr Begeisterung dafür als vorher. Jetzt, wo er über *meinen* Besitz sprach, konnte er sich das leisten!

Kurz und gut: sein Besuch überzeugte mich von neuem, daß ich gut gekauft hatte; ich fühlte mich glücklich und dankbar, ja der Mann wurde mir so sympathisch, daß wir uns weit mehr befreundeten als dies zwischen einem Verkäufer und Käufer sonst der Fall ist.

Wohl hatte er einen ganzen Samstagvormittag «geopfert», und er hätte in dieser Zeit sicher neue Interessenten aufsuchen können. Doch nach einer Woche telefonierte ich mit ihm, weil einer meiner Freunde die Absicht geäußert hatte, in der Nähe einen Besitz zu kaufen. Es kam zwar nicht zu einem Kauf dieses Hauses, aber einige Wochen später gelang es dem Vermittler, ihm ein anderes, das meinem Freund zusagte, zu verkaufen.

In einem Vortrag erwähnte ich dieses Thema. Ein Teilnehmer

suchte mich später auf und erzählte mir die folgende Geschichte: «Heute früh kam eine ältere Dame in unser Geschäft und ließ sich eine schöne Diamantenbrosche zeigen. Schließlich entschloß sie sich zum Kauf und unterschrieb einen Scheck. Während ich das Schmuckstück einpackte, dachte ich an das, was Sie uns über die «Liebe zum eigenen Besitz» erzählt hatten, und ich begann, die Brosche noch mehr zu rühmen, als bevor sie verkauft worden war. Ich sagte der alten Dame, welch schönes Stück sie ausgewählt habe, und daß es eines der besten Stücke sei, die wir je in unserem Geschäft gehabt hätten. Der Diamant stamme aus einer der bestbekannten und größten Diamantenminen Südafrikas, und ich gab der Hoffnung Ausdruck, sie möchte noch viele glückliche Jahre leben, um sich daran zu erfreuen.

Es war rührend, zu sehen, wie sich ihre Augen mit Tränen füllten. Sie sagte, eben hätte sie sich schon Sorgen gemacht, so viel Geld für ein Schmuckstück ausgegeben zu haben, doch nun sei sie wirklich glücklich, so gut gewählt zu haben. Ich ging mit ihr zur Türe und sagte ihr, es würde uns immer freuen, wenn sie uns wieder besuchen würde.

Eine Stunde später erschien die alte Dame erneut mit einer Freundin, die im gleichen Hotel wohnte. Sie stellte mich vor, als ob ich ihr eigener Sohn wäre und bat mich, sich etwas im Geschäft umsehen zu dürfen. Die Freundin kaufte zwar nur eine Kleinigkeit, doch als ich die beiden alten Damen zur Türe begleitete, wußte ich, daß ich zwei gute, neue Kunden gewonnen hatte.»

Man weiß nie, mit wem man es zu tun hat und wer einem beobachtet. Vor Jahren betrat eine alte, eher ärmlich gekleidete Frau ein großes Warenhaus. Das Personal beachtete sie kaum, doch ein junger Verkäufer nahm sich ihrer an, bediente sie freundlich und trug ihr die Pakete bis zum Ausgang. Da es inzwischen zu regnen begonnen hatte, spannte er der alten Frau den Schirm auf und begleitete sie bis an die naheliegende Busstation. Einige Tage später erhielt die Direktion des Warenhauses einen persönlichen Brief des großen Stahlindustriellen Andrew Carnegie, worin er sich für die nette Bedienung seiner Mutter bedankte. Dem Brief lag eine Bestellung bei für die gesamte Einrichtung eines neuen Hauses, das Carnegie soeben gekauft hatte.

Interessiert es Sie, was aus dem jungen Angestellten geworden ist, der sich die Mühe genommen hatte, die einfache alte Frau so liebenswürdig zu bedienen? Dieser Mann ist heute Direktor eines bedeutenden Warenhauses.

Ich fragte einmal Mr. Miller, der eine der größten Kühlschrankfirmen besitzt, was seine beste Quelle für neue Verkäufe sei. Die Antwort bestand aus einem einzigen Wort: «Kunden!» Und dann erklärte er mir mit Überzeugung und an Hand vieler Beispiele, wie er es meinte. Ich selbst wurde von dieser Idee angesteckt und versuchte sie bereits am anderen Tag praktisch anzuwenden. Sie funktioniert glänzend und versagt nie! Hier folgt, was Mr. Miler sagte:

«Neue Kunden sind die beste Quelle für neue Geschäfte. Einzig und allein neue Kunden! Solche Leute sind begeistert und stolz auf ihren neuen Besitz, und sie erzählen meistens gerne allen ihren Freunden und Bekannten davon. Unsere Vertreter sind verpflichtet, nach ungefähr einer Woche Höflichkeitsbesuche bei allen unseren Kunden zu machen, bei denen wir irgendeinen unserer elektrischen Apparate installiert haben. Dabei kann er feststellen, ob der Kunde zufrieden ist. Gleichzeitig gibt er sich

Mühe, den Kunden erneut zu beraten, so daß er das Maximum aus seiner Anschaffung herausholt. Von diesen neuen Kunden kann man mehr neue Interessenten gewinnen als durch irgend etwas anderes.»

Mr. Miller erzählte mir von Experimenten, welche die Firma in verschiedenen Landesteilen gemacht hatte. Die Resultate blieben sich immer gleich. Zum Beispiel wurden in einer typischen Stadt im mittleren Westen dreiundfünfzig neue Kunden in das Experiment einbezogen. Es wurde festgestellt, daß der Vertreter nur bei siebzehn davon einen nachträglichen Höflichkeitsbesuch gemacht hatte. Acht von siebzehn gaben dem Vertreter Adressen von eventuellen Interessenten, bei denen der Vertreter Geschäfte im Werte von 1500 Dollar abschließen konnte. Einzig und allein die kleine Aufmerksamkeit eines Höflichkeitsbesuches produzierte für 1500 Dollar neue Geschäfte! Wenn alle dreiundfünfzig neuen Kunden prompt besucht worden wären, ist das Ergebnis leicht auszurechnen.

Mr. Miller sagte: «Die Erfahrung hat uns gelehrt, daß man einen Kunden, dem man etwas verkauft hat, nie vergessen darf.» Miller machte mir außerdem noch eine andere wichtige Mitteilung. Er sagte: «Über die Hälfte unserer Kunden sagt uns, daß sie durch einen Freund oder einen Bekannten auf unsere Produkte aufmerksam gemacht wurden.» Und die letzten Worte Mr. Millers waren: «Wenn Sie sich um einen Kunden bemühen, wird er sich auch um Sie bemühen.»

Während vieler Jahre trug ich stets einen Brief in meiner Tasche. Seine Nützlichkeit ist vielfach erprobt, und mit einigen Abänderungen kann ihn sicher mancher Verkäufer für sein Arbeitsgebiet benützen.

Mr. William R. Jones

Lieber Bill,

ich möchte Dich mit Frank Bettger bekanntmachen. Nach meinem Ermessen ist er einer der besten Versicherungsfachleute in Philadelphia, und ich habe ihm mein volles Vertrauen entgegengebracht und seine Ratschläge befolgt. Vielleicht interessieren Dich Lebensversicherungen zur Zeit nicht, doch rate ich Dir, Mr. Bettger anzuhören, weil er Dir vielleicht doch konstruktive Ideen und Vorschläge unterbreiten kann, die Dir und Deiner Familie zum Nutzen gereichen können.

Herzlich Bob.

Das folgende Beispiel soll zeigen, wie ich mit solchen Briefen arbeite. In einer Morgenzeitung las ich, daß ein Bekannter von mir, ein prominenter Ingenieur, soeben einen großen Bauauftrag erhalten hatte. Sofort telefonierte ich Robert Quigley von der Murphy Quigley-Gesellschaft an, und als ich etwas später sein Privatbüro betrat, fiel es mir nicht schwer, ihm lachend die Hand zu schütteln und ihm zu gratulieren.

«Wozu?» fragte er.

Ich: «Soeben las ich im ,Inquirer', daß du den Auftrag für das neue U.G.I. Gebäude erhalten hast!»

«Oh danke», sagte er lächelnd, und man konnte ihm die Freude über den Auftrag vom Gesicht ablesen. Ich bat ihn, mir davon etwas zu erzählen. Dann sagte ich: «Hör zu, Bob, um diese Pläne vorzubereiten, hast du doch sicher allerlei Offerten von anderen Lieferanten einholen müssen, nicht wahr?»

«Gewiß», sagte er.

Und nun zog ich meinen Empfehlungsbrief aus der Tasche. Indem ich ihm den Brief überreichte, sagte ich: «Wahrscheinlich hast du auch bereits einigen dieser Lieferanten Aufträge erteilt?»

Lachend sagte er: «Ja, teilweise...»

Als er meinen Brief gelesen hatte, sagte er: «Was soll ich tun? Dir einen solchen Brief an diese Lieferanten schreiben?»

Ich verließ das Büro mit vier Empfehlungsbriefen in der Tasche: an eine elektrotechnische und eine Heizungsfirma, an eine Malerei und an einen Installateur...

Nicht alle Leute geben einem gerne solche Empfehlungsbriefe. Für diese Fälle trage ich stets spezielle Kärtchen, etwas größer als eine Visitenkarte, bei mir, die wie folgt aussehen:

Harry Schmid

empfiehlt
FRANKLIN L. BETTGER

an: *Herbert E. Doerr*

Oben schreibt mein Bekannter seinen eigenen Namen, während er unten auf die Karte den Namen des neuen Interessenten notiert.

Wenn jemand zögert, dann sage ich: «Wenn Ihr Bekannter gerade jetzt anwesend wäre, würden Sie dann zögern, mich vorzustellen?»

Gewöhnlich lautet die Antwort: «Natürlich nicht!» Dann wird die Karte — und oft auch mehrere — ausgefüllt.
Es kommt auch hin und wieder vor, daß mir jemand keinen Bekannten nennen will. Ungefähr vor Jahresfrist sagte mir ein hartgesottener Kunde: «Ich würde Sie nicht meinem schlimmsten Feind empfehlen!»

«Wieso?» fragte ich erstaunt.

Er: «Sehen Sie, Bettger, ich habe eine schreckliche Abneigung gegen Versicherungsagenten. Ich hasse jeden, der mein Büro betritt. Wenn je einer käme, den ein Freund von mir empfohlen hat, dann würde ich ihn zum Teufel wünschen! Ja, ich würde meinem Bekannten sofort anläuten und ihm sagen, er möge mir senden, was er wolle, aber keine Versicherungsagenten!»

Das war brutale Offenheit, doch ich bemühte mich zu lächeln und sagte: «Ich kann das begreifen, Mr. Blank, doch ich möchte Sie trotzdem bitten, mir irgendeinen Bekannten zu nennen, der noch nicht fünfzig Jahre alt ist und der Geld verdient. Ich verspreche Ihnen, daß ich Ihren Namen nie preisgeben werde.»

«Unter diesen Umständen», sagte er, «können Sie einmal bei Caroll Zeigler, Fabrik für chirurgische Instrumente, vorsprechen. Er ist ungefähr vierzig Jahre alt und sehr erfolgreich.»

Ich dankte ihm für den Tip und versprach erneut, ich würde seinen Namen unter keinen Umständen nennen.

Auf dem direktesten Wege besuchte ich Mr. Zeigler. Als er mich empfing, sagte ich: «Mr. Zeigler, mein Name ist Bettger. Ich arbeite für eine Lebensversicherung. Ein guter Freund von Ihnen gab mir Ihre Adresse, doch unter der Bedingung, daß ich seinen Namen nicht erwähnen würde. Er sagte mir, Sie würden sehr erfolgreich arbeiten, und daß ich einmal bei Ihnen vorsprechen sollte. Könnten Sie gerade jetzt fünf Minuten erübrigen, oder soll ich lieber später vorbeikommen?»

«Über was wollten Sie mit mir sprechen?» fragte er.

«Über Sie!» war meine Antwort.

«Wieso über mich? — Wenn es sich um Versicherungen handelt, so habe ich kein Interesse.»

«Das ist ganz in Ordnung, Mr. Zeigler», sagte ich. «Ich will auch heute gar nicht über Versicherungen mit Ihnen reden. Wollen Sie mir fünf Minuten gewähren?»

In den genau fünf Minuten, die er mir einräumte, erhielt ich alle Informationen, die ich brauchte.

Seither habe ich drei Abschlüsse mit Mr. Zeigler gemacht über einen namhaften Betrag. Unser persönliches Verhältnis wurde sehr freundschaftlich; nie hat er mich gefragt, *wer* mich zu ihm gesandt hatte.

Welches ist die beste Zeit, um einen empfohlenen Interessenten zu besuchen? Soll man ihn innert sechs Tagen oder innert sechs Wochen aufsuchen?

Die beste Zeit ist innert sechs Minuten! Auf alle Fälle so bald als möglich. Wenn ich nicht sofort hingehe, wenn ich seine Adresse irgendwo notiere, dann schwindet auch mein Interesse. Man muß das Eisen schmieden solange es heißt ist! Wenn ich später irgendwo auf eine Adresse stoße, dann ist es genau so, wie mir einer unserer besten jungen Vertreter sagte: «Der Name schaut aus wie ein altes Stück Brot!»

Man weiß nie, was hinter einem neuen Kunden steckt. Vielleicht sind gewisse Umstände gerade jetzt besonders günstig. Warum sie vorbeigehen lassen?

Vergiß nie, zu danken!

So wichtig wie neue Adressen sind, ist es auch, demjenigen, der sie einem gegeben hat, zu danken. Ich habe es mir angewöhnt, in *allen* Fällen zu berichten, was mit der mir gegebenen Empfehlung geschah. Vergißt man es, so kann man sicher sein, daß es bemerkt wird. Vielleicht wird es nie erwähnt, aber es ist unhöflich.

Wenn ich berichten kann, daß auf Grund einer Empfehlung ein Geschäft zustandekam, zeige ich meine Freude und Dankbarkeit offen, und immer erlebte ich, daß sich auch der andere erfreut zeigte. Hatte ich keinen Erfolg, rapportiere ich ebenfalls und erzähle genau, was vorging. Und sehr oft erhielt ich dann eine neue, bessere Empfehlung!

Kürzlich nahm ich mit dem Direktor einer Großbank den Lunch ein. Er überreichte mir die Kopie eines Briefes, der solchen Kunden gesandt wird, die einem Bekannten die Bank empfohlen haben. Der Brief lautet:

Sehr geehrter Herr Brown,

Wir haben uns außerordentlich darüber gefreut, daß Sie Herrn Smith unsere Bank empfohlen haben. Die freundliche Gesinnung, die Sie der *First National Bank* damit entgegenbringen, schätzen wir sehr, und wir werden immer gerne bereit sein, unsere Dankbarkeit durch besondere Aufmerksamkeit Ihnen und Ihren Freunden gegenüber unter Beweis zu stellen.

Wir grüßen Sie usw.

Vor vielen Jahren hatte ich das große Vergnügen zu sehen, wie Willie Hoppe die Weltmeisterschaft im Billardspiel gewann. Ich war überrascht, wie viel Zeit er darauf verwandte, ganz einfache Bälle zu studieren. Doch bald bemerkte ich, daß er nicht eigentlich über diese leichten Bälle nachdachte, sondern darüber, welche Position sich daraus in der Folge ergeben könnte. Hoppes Gegner war ebenfalls ein glänzender Spieler, doch allzu oft ergaben seine Bälle neue Situationen, die ihm die Fortsetzung des Spieles sehr erschwerten. Diese Technik des Vorausplanens ermöglichte Hoppe, den Titel eines Weltmeisters dreiundvierzig Jahre zu halten! In welchem anderen Sport wurde dieser Rekord je erreicht?

Willie Hoppes Taktik lehrte mich das folgende Gesetz: Es ist beim Verkauf genau so wichtig, den nächsten «Ball» vorzubereiten, wie beim Billard. Es ist keine Übertreibung, wenn man sagt, daß dieses Gesetz für jedes Geschäft direkt lebenswichtig ist. Robert B. Coolidge, der Vizepräsident der Aetna Lebensversicherungs-Gesellschaft, sagte dasselbe mit anderen Worten: «Kundendienst kann mit dem Rasieren verglichen werden ... wenn man es nicht zur täglichen, ersten Gewohnheit macht, geht's unaufhaltsam bergab!»

Kurzfassung

1. Vergiß nie einen Kunden und lasse nie einen Kunden dich vergessen!

2. Wenn du dich um deine Kunden bemühst, werden sie sich auch um dich bemühen!

3. Zeige dem Kunden, daß er an seinem neuen Besitz Freude haben kann. Lobe deine Ware auch *nach* dem Verkauf!

4. Neue Kunden sind die beste Quelle für — neue Kunden!

5. Welches ist die beste Zeit, um einer Empfehlung nachzugehen? 6 Tage? 6 Wochen? ... 6 *Minuten!*

6. Sei nie undankbar. Melde, ob du mit einer Empfehlung Erfolg gehabt hast oder nicht.

7. Spiele so, daß der nächste «Ball» auch gut liegt!

Sieben Regeln, die ich beim Verkaufsabschluß anwende

Erinnern Sie sich daran, wie sehr ich einst entmutigt und niedergeschlagen war, so daß ich bereits beschlossen hatte, den Verkäuferberuf an den Nagel zu hängen — bis an jenem Samstagvormittag, da ich mich im letzten Moment eines Besseren besann?

Zuerst fragte ich mich: «Wo liegt der Hase im Pfeffer?» Die Antwort war klar: Ich verdiente — verglichen mit der Zahl meiner planlosen Kundenbesuche — zu wenig. Meine Verkaufsgespräche gingen ganz gut, bis der Moment kam, da ich das Geschäft abschließen sollte. Dann sagte der Kunde meistens: «Gut, Mr. Bettger, ich will mir die Sache überlegen. Sprechen Sie später wieder einmal vor.» Die Unmenge Zeit, die ich mit diesen nachfolgenden Besuchen versäumte, deprimierte mich immer mehr.

Zweitens fragte ich mich: «Wo liegt die Lösung des Problems?» Um dies herauszufinden, zog ich mein Rapportbuch und meine Statistik der vergangenen zwölf Monate zu Rate und studierte die Tatsachen. Ich machte eine erstaunliche Entdeckung! 70 Prozent meiner Abschlüsse fielen auf den *ersten* Besuch bei einem Kunden. 23 Prozent kamen erst beim *zweiten* Besuch zum Abschluß, und nur 7 Prozent kamen auf das Konto des dritten, vierten, fünften usw. Besuches. Das bedeutete, daß ich die *Hälfte* meiner Arbeitszeit auf die letzten 7 Prozent verschwendete. Unverzüglich stellte ich alle Besuche nach dem zweiten Vorsprechen ab und verwandte die Zeit um neue Kunden zu gewinnen. Das Ergebnis war unglaublich: Nach kurzer Zeit stieg mein Einkommen enorm.

Die Frage ist, ob das gleiche System sich auch auf anderen Verkaufsgebieten bewährt. Wahrscheinlich haben Sie diese Frage bereits für sich beantwortet. Hier ein Beispiel: Zwei Jahre führte ein großer Verkaufskonzern genau Buch über die Anstrengungen und Erfolge seines gesamten Vertreterstabes. Zum großen Erstaunen fand man heraus, daß 75 Prozent der Verkäufe *nach dem fünften* Besuch abgeschlossen wurden! Und außerdem wurde die vielsagende Feststellung gemacht, daß 83 Prozent der schwächeren Verkäufer die Bearbeitung ihrer Kunden schon vor dem fünften Besuch aufgaben!

Was beweist das? Diese Statistik beweist die Notwendigkeit der genauen Führung von Rapporten und deren regelmäßiges, sorgfältiges Studium. Die Nützlichkeit solcher Kontrollen sowohl für den Verkäufer als auch für dessen Arbeitgeber ist so oft bewiesen worden, daß ich mich immer wieder wundere, daß nicht jeder Verkaufschef sie zur absoluten Bedingung macht.

Obwohl ich mein Einkommen durch die Ausschaltung der dritten und vierten Besuche verdoppeln konnte, zeigte meine Statistik doch, daß auf zwölf Besuche nur ein Abschluß kam. Noch immer wußte ich nicht, wie ich die Leute zu einer Entscheidung bringen konnte.

Eines Abends hatte ich das Glück, eine Rede von Dr. Russell H. Conwell zu hören. Das Thema des Vortrages lautete: «Die vier Regeln einer guten Rede.» Als Dr. Conwell am Ende seines anregenden Vortrages angelangt war, sagte er: «Und nun

Nummer vier: Der Appell zur *Tat!* Hier versagen sogar ganz gute Redner, die weitgehend Erfolg haben, die ihre Zuhörer unterhalten — denen es aber nicht gelingt, sie aufzurütteln und ihre Aktivität zu wecken. Die Zuhörer haben sich amüsiert, sie haben sich unterhalten — aber: der Redner hat ihnen nichts ‚verkauft'! Im Appell zur *Tat* liegt der springende Punkt einer Rede...»

Und gerade darin hatte ich versagt! Ich verschaffte mir alle Literatur, die über diese Frage existierte, und ich fand heraus, daß über kein anderes Thema hinsichtlich des Verkaufs so viel geschrieben wurde wie über die Fähigkeit, ein Geschäft zum Abschluß zu bringen. Ich fragte die besten Verkäufer, die ich finden konnte, um ihre Ansicht zu erfahren, wie man den Kunden zur *Tat* bewegen könne. Aus allen diesen Angaben, sowie aus meiner gesamten eigenen Erfahrung habe ich die folgenden sieben notwendigen Regeln herauskristallisiert, die den Kunden zu einer Entscheidung bringen können:

1. Spare die «schweren Waffen» bis ans Ende!

Durch meine Ungeduld, unter allen Umständen zu verkaufen, habe ich oft das Pulver zu früh verschossen und wichtige Abschlußargumente vor der Zeit vorgebracht. Ich habe erfahren, daß der erfolgreiche Verkauf in der Regel vier Stufen aufweist: 1. die Aufmerksamkeit des Kunden zu erringen; 2. sein Interesse und 3. seinen Wunsch zu erwecken; 4. abzuschließen.

Sobald ich meine Schlußargumente bis ans Ende aufsparte, ermöglichte ich dem Kunden, meine Vorschläge frei und ungehindert zu prüfen. Ich vermied es, unnötige Widerstände zu schaffen. Kam dann aber der Augenblick, wo der Kunde einen Entscheid fassen mußte, verfügte ich noch über gute Reserven. Meine guten Argumente, die ich noch nicht verschleudert hatte, steigerten meine Aktivität und meine Sicherheit, so daß ich, anstatt mich wie früher anzustrengen, mich eher zurückhalten mußte.

2. Die Zusammenfassung

Eine Zusammenfassung der wichtigsten Punkte ist die beste Basis für einen erfolgreichen Verkauf. Wie lang darf sie sein? Ein gewiegter Verkaufschef ließ seine Vertreter eine Zusammenfassung formulieren, während er ein Streichholz abbrennen ließ. Auf alle Fälle sollte jede Zusammenfassung ganz kurz sein.

Noch besser finde ich es, wenn es mir gelingt, den Käufer zu veranlassen, die Zusammenfassung *selbst* vorzunehmen. Das macht ihn aktiv, reißt ihn mit und vergrößert die Chance, daß er selbst zum Abschluß beiträgt.

3. Eine wirkungsvolle Frage

Sobald ich dem Kunden meinen Vorschlag unterbreitet und alle wichtigen Punkte kurz wiederholt habe, schaue ich meinen Partner an und frage: «Und nun, wie gefällt es Ihnen?»

Ich war immer wieder erstaunt, wie oft die Kunden sagten: «Ganz gut!» Und diese Äußerung zeigt mir, daß der Entschluß zu kaufen grundsätzlich vorhanden ist. Ich habe also keine Zeit

zu verlieren. Sofort beginne ich, die nötigen Fragen für den Ver-
sicherungsantrag zu stellen und fülle den Fragebogen aus.
Immer beginne ich mit den unwichtigen Fragen. Sobald der
Kunde einmal angefangen hat, Antworten zu geben, springt
er selten mehr ab. Läßt der Plan verschiedene Varianten offen,
so helfe ich ihm, die richtige Entscheidung zu treffen.

Ich glaube, hier einfügen zu müssen, daß es wichtig ist, während
dieses Vorganges den Kunden dazu zu bringen, daß er einige
Male mit «Ja» antworten muß. Zum Beispiel erkläre ich ihm,
wie sehr diese Versicherung seine Zukunft sichert und frage:
«Glauben Sie nicht, daß das eine gute Idee ist?» Meistens nickt
er und sagt «Ja».

4. Willkommene Einwände

Ich brauchte sehr lange, bis ich herausfand, daß Kunden, die
widersprechen, die besten sind. Viele der Einwände, an denen
ich früher gescheitert war, erkannte ich plötzlich als Zeichen
der Kaufsbereitschaft. Zum Beispiel: «Ich kann es mir nicht
leisten ... Kommen Sie im Januar wieder vorbei ... Ich möchte
es mir noch überlegen ... Ihr Preis ist zu hoch ... Ich kann das
billiger haben.»

Einwände wie diese sind keine richtigen Absagen. Sagt zum
Beispiel jemand: «Ich kann es mir nicht leisten», so heißt das,
daß er es sich leisten *möchte*. Das Problem lautet nun also: Wie
kann ich ihm zeigen, daß er das Geld aufbringen kann?

Selten empfinden die Leute einen hartnäckigen und zähen Vertreter als lästig — solange sich seine Gedankengänge in ihren

236

eigenen Interessen bewegen. Im Gegenteil, solche Verkäufer werden geschätzt.

5. Warum ... und außerdem ...?

Ich muß nochmals auf das Sätzchen «Gibt es außerdem nicht noch einen anderen Grund?» zurückkommen. Immer versuche ich, diese Redewendung als mein größtes Aß bis zuletzt zurückzuhalten. Die Frage «Warum?» oder «Wieso?» benutze ich während des ganzen Gesprächs in den verschiedensten Formen, wobei ich natürlich das Wort «Warum?» oft gar nicht benutze, sondern es in andere Fragen kleide.

Ein Teilnehmer, der unseren Kurs besuchte, erzählte mir das folgende Verkaufsbeispiel. Er war im Gespräch mit einem Kunden dort angelangt, wo dieser sagte: «Nun gut, ich möchte mich jetzt noch nicht entscheiden. Kommen Sie im Herbst, nach dem 15. September, wieder vorbei.»

Und nun hören Sie zu, wie der Verkäufer eines Kurses für Verkaufsschulung den Ball an den Kunden zurückgab:

Kunde: Kommen Sie nach dem 15. September wieder vorbei.
Vertreter: Mr. Caroll, wenn Ihr Arbeitgeber Sie morgen in sein Büro rufen würde, um Ihnen mitzuteilen, daß er Ihnen eine Lohnaufbesserung geben werde, würden Sie sicher nicht sagen: «Kommen Sie nach dem 15. September wieder vorbei!» — Nicht wahr?
Kunde: Natürlich nicht! Ich bin doch kein Dummkopf!
Vertreter: Haben Sie mir aber nicht eben praktisch dasselbe gesagt?
Schreiben Sie hier Ihren Namen hin, genau so wie er hier am Kopf angegeben ist, und bis zum 15. Sep-

tember werden Sie schon mehrere Lektionen absolviert haben.

Kunde: (die Abmachung entgegennehmend) Gut, lassen Sie mir den Vertrag und einige Prospekte hier. Ich will mir die Sache überlegen, und ich berichte Ihnen wieder nächste Woche.

Vertreter: Warum wollen Sie nicht schon heute unterschreiben?

Kunde: Ich glaube nicht, daß ich den Kurs jetzt schon nehmen sollte.

Vertreter: Warum?

Kunde: Nun ... ich kann es mir nicht leisten.

Vertreter: (nach einer kleinen Pause) Haben Sie außerdem nicht noch einen anderen Grund ...? Hindert Sie nicht noch etwas anderes an dieser für Sie so wichtigen Entscheidung?

Kunde: Nein, das ist der einzige Grund. Ich habe immer zu wenig Bargeld.

Vertreter: Mr. Caroll, wenn Sie mein eigener Bruder wären, würde ich Ihnen das sagen, was ich Ihnen jetzt sagen werde.

Kunde: Was meinen Sie?

Vertreter: Unterschreiben Sie *jetzt* — und fangen Sie sofort an!

Kunde: Welches ist der kleinste Betrag, den ich anzahlen muß, und wie hoch ist die Monatsrate nachher?

Vertreter: Zahlen Sie einfach das, was Sie jetzt aufbringen können, und ich werde Ihnen mitteilen, ob Sie den Kurs damit beginnen können.

Kunde: Würden 25 Dollar jetzt und 10 Dollar jeden Monat genügen?

Vertreter: Abgemacht! Schreiben Sie also Ihren Namen hier, wo das große Kreuz ist — und die Sache ist perfekt.

Kunde: (unterschreibt).

6. Zeige dem Kunden, wo er unterschreiben muß!

X ⋯⋯⋯⋯⋯⋯⋯⋯⋯⋯⋯⋯⋯⋯⋯⋯⋯⋯⋯⋯⋯⋯⋯⋯⋯⋯⋯⋯⋯⋯⋯⋯

Auf allen meinen Bestellformularen bringe ich stets dort, wo
der Kunde unterschreiben muß, ein großes, gut sichtbares X
an. Ich reiche ihm meinen Füllfeder, zeige auf die punktierte
Linie und sage: «Und nun schreiben Sie bitte Ihren Namen
hierhin, wo das Kreuz ist.» Wenn möglich, lege ich einen Bestellschein vor, der bereits alle erhältlichen Angaben enthält,
auf alle Fälle wenigstens Name und Adresse des Kunden.

7. Keine Angst vor Anzahlungen!

Viele gute Verkäufer wissen, daß eine Anzahlung oder sogar
die Bezahlung der Bestellung ein wichtiger Faktor beim Ge-
schäftsabschluß ist. Der Wert der verkauften Ware kann dadurch psychologisch gesteigert werden, denn sobald man etwas
bezahlt hat, betrachtet man eine Sache bereits als *sein* Eigentum.
Es kann vorkommen, daß ein Kunde seinen Entschluß bereut
und die Bestellung widerruft, doch nie passierte es mir, daß
jemand eine Bestellung, die bereits angezahlt war, rückgängig
gemacht hat. Es ist selbstverständlich, daß jeder Vertreter die in
dieser Beziehung richtige Art des Vorgehens wählen muß.

Den richtigen Moment erfassen!

Wann ist der richtige Moment, um ein Geschäft abzuschließen?
Manchmal schon in der ersten Minute, manchmal aber auch

erst nach ein oder zwei Stunden! Woran können wir erkennen, *wann* die Zeit zum Abschluß gekommen ist? Haben Sie je einen berühmten Sportler im Kampf gesehen? Joe Louis gehörte zu den besten Boxern in dieser Beziehung. Ich habe selbst gesehen, wie er drei seiner Meisterschaftskämpfe beendete. Die Menge beobachtete in atemloser Spannung jede seiner Bewegungen, denn Joe war in ständiger Alarmbereitschaft, doch geduldig wartete er auf den richtigen Moment. Manchmal kam der richtige Augenblick schon in der 1., oft aber auch erst in der 10. oder 12. Runde. Das kleinste Schwächezeichen beim Gegner wurde sofort ausgenützt. Sah Joe, daß er zu früh gehandelt hatte, zog er sich rasch wieder zurück, denn er wußte, daß die Zeit nur für ihn arbeiten konnte. Nie war er überreizt oder nervös.

Mit den Jahren wurde ich in meinen Verkaufsgesprächen so sicher, daß ich immer weniger Angst hatte, den richtigen Moment für den Abschluß zu verpassen. Wenn meine einleitenden Worte richtig waren, wenn es mir gelang, beim Kunden Interesse und Wunsch zu wecken, dann ist der Kunde im Augenblick, da ich handeln will, zum Kauf bereit.

Ich habe hier möglichst kurz einige wichtige Grundsätze, die mir äußerst viel geholfen haben, erläutert, und ich glaube, daß diese Gedanken in allen Geschäftszweigen mit Erfolg angewandt werden können.

Lange Zeit trug ich stets eine kleine Karte bei mir, auf der ich diese 7 Regeln kurz notiert hatte. Als Überschrift setzte ich die Worte:

>Und nun kommt der beste Besuch,
>den ich je gemacht habe!

Kurz bevor ich das Büro eines Kunden betrat, wiederholte ich diesen Satz für mich. Bald wurde mir dies zur Gewohnheit, und sogar heute noch ertappe ich mich immer wieder dabei, wenn ich ein wichtiges Gespräch vorhabe.

Der große Wert meiner kleinen Karte bestand darin, daß ich nach einem Mißerfolg das ganze Interview an Hand dieser 7 Punkte durchgehen und feststellen konnte, wo ein Fehler lag. So lernte ich, jedes Gespräch von neuem zu bestehen.

Kurzfassung

Und nun kommt der beste Besuch,
den ich je gemacht habe!

1. Spare die Abschlußargumente, bis es soweit ist. Ein Verkaufsgespräch gliedert sich in die folgenden Stufen: 1. die Aufmerksamkeit des Kunden erregen; 2. sein Interesse wecken; 3. seinen Wunsch wecken; 4. abzuschließen.

2. Fasse dich kurz! Überlasse, wenn immer möglich, die Zusammenfassung dem Kunden, so daß er selbst aktiv am Kauf beteiligt ist.

3. «Wie gefällt Ihnen das?» Vergiß nicht, diese Frage im richtigen Moment zu stellen — sie wirkt Wunder!

4. Sei dankbar für Einwände! Denke daran, daß die besten Kunden diejenigen sind, die Einwände erheben.

5. «Warum?» — «Außerdem...?» Die Frage «Warum?» bringt den Kunden zum Sprechen. «Außerdem...?» findet den *wahren* Grund seines Widerstandes, den Angelpunkt des Verkaufs!

6. Bitte den Kunden, seinen Namen hier zu unterschreiben:

✕ ....

Fülle Anträge und Bestellscheine immer schon so weit wie möglich aus. Auf alle Fälle setze Name und Adresse des Kunden schon vorher ein. Du weißt nie, ob dir der Verkauf effektiv gelungen wäre, wenn du nicht versucht hast die Unterschrift zu erhalten.

7. Habe keine Hemmungen für eine Bestellung eine Anzahlung oder einen Scheck zu verlangen, wo dies am Platze ist. Erfolgreiche Verkäufer behaupten, daß dies eine wichtige Abschlußhilfe beim Verkauf sein kann.

Prüfe deine Verhandlungen *täglich* nach diesen 7 Regeln. Wende sie an, bis sie dir zur Gewohnheit geworden sind.

Eine glänzende Abschlußtechnik,
die mir ein meisterhafter Verkäufer beibrachte

Anmerkung des Herausgebers: Was sagen Sie einem Kunden, den Sie aufsuchen, um das Geschäft endgültig zum Abschluß zu bringen? Im folgenden Kapitel entwickelt der Verfasser eine Technik, die ihm den Abschluß vieler Geschäfte ermöglichte.

Vor einigen Jahren lernte ich von einem erstklassigen Verkäufer namens Ernest Wilkes eine glänzende Abschlußtechnik. Als Mr. Wilkes diese Methode entdeckte, besorgte er für die Metropolitan-Lebensversicherungsgesellschaft das Inkasso der Wochenprämien für Arbeiterversicherungen. Als Verkäufer hatte er keinen Erfolg, und sein kleiner Lohn samt Kommission reichten gerade aus, um Frau und Kinder schlecht und recht zu ernähren; für Mr. Wilkes eigenen Bedarf blieb nichts übrig. Seine Anzüge waren schäbig, sein Mantel und seine Hemden mehr als armselig.

Wilkes erzählte mir, seine Hauptschwierigkeit bestünde beim endgültigen Abschluß einer Police. Wohl gelänge es ihm, die Arbeiter in der ersten Besprechung zu überzeugen, doch dann komme der Moment, wo der Kunde sage: «Gut, lassen Sie mir Ihre Offerte da und ich will es mir überlegen. Kommen Sie nächste Woche wieder vorbei.»

«Wenn ich dann wieder vorsprach», so erzählte mir Wilkes, «wußte ich nie, was ich dem Kunden noch erzählen sollte, denn bereits beim ersten Besuch hatte ich ihm alles Wesentliche mitgeteilt. Immer erhielt ich die gleiche Antwort: «Mr. Wilkes, ich habe mir die Sache überlegt, doch ich kann mich jetzt nicht entschließen ... warten wir noch bis nächstes Jahr.»

Wilkes fuhr fort: «Eines Tages aber kam mir ein Gedanke, und er bewährte sich glänzend! Es war wie eine Offenbarung. Plötzlich konnte ich beim zweiten Besuch Abschlüsse zu Ende führen.»

Als ich Mr. Wilkes Schilderung zuhörte, wollte mir seine Methode nicht einleuchten. Immerhin nahm ich mir vor, sie auszuprobieren. Am anderen Morgen besuchte ich einen Baumeister. Zehn Tage vorher hatte ich ihm einen Vorschlag unterbreitet, worauf er gesagt hatte: «Lassen Sie mir die Unterlagen hier, wir wollen in ungefähr vierzehn Tagen wieder miteinander reden. Ich erwarte noch die Offerten anderer Gesellschaften.»

Und nun ging ich genau so vor, wie es mir Mr. Wilkes gesagt hatte. Bevor ich den Kunden besuchte, bereitete ich das Antragsformular genau vor: Name, Adresse und alle Angaben, die mir bereits bekannt waren, wurden eingesetzt. Neben die punktierte Linie, die für die Unterschrift reserviert war, zeichnete ich ein großes, auffallendes Kreuz. Mr. Wilkes legte auf dieses Kreuz sehr großen Wert.

✕ ....
(Unterschrift des Antragstellers)

Als ich das Vorzimmer zum Büro meines Kunden betrat, bemerkte ich, daß seine Türe offenstand. Er saß an seinem Pult

244

— die Sekretärin war vermutlich für einen Augenblick hinausgegangen. Als er mich erblickte, erkannte er mich sofort, doch er schüttelte mit dem Kopf und winkte mit der Hand ab: «Nichts zu machen!»

Nun zwang ich mich, Mr. Wilkes Instruktionen buchstäblich zu befolgen. Mit ernstem Gesicht betrat ich das Büro meines Kunden. (In solchen Fällen ist ein Lächeln nicht am Platz!) In bestimmtem Tone sagte er: «Nein, nichts zu machen! Ich habe mich entschlossen, überhaupt keine Versicherung abzuschließen. Vielleicht komme ich in einem halben Jahr darauf zurück.»

Noch während er sprach, entnahm ich ruhig meiner Tasche das Antragsformular, faltete es auf, ging bis an seinen Schreibtisch, und legte es direkt vor ihn hin. Dann sagte ich die ersten Worte, die mir Mr. Wilkes angegeben hatte: «Ist das so in Ordnung, Mr. E.?»

Während er las, zog ich meinen Füllfeder, schraubte ihn auf und verhielt mich still. Die Sache kam mir unheimlich vor. Alles schien mir ein völliger Unsinn zu sein.

«Was ist das?» fragte mein Kunde, «ein Antrag?»

«Nein», antwortete ich.

«Aber natürlich ist das ein Antrag!» sagte er, «hier steht es doch ausdrücklich am Kopf des Blattes!»

«Es ist aber kein Antrag, solange Sie Ihren Namen nicht hierher geschrieben haben», sagte ich. (Während ich sprach, überreichte ich ihm meine Füllfeder und zeigte mit dem Finger auf das Kreuz bei der punktierten Linie.)

245

Mein Kunde tat genau das, was Mr. Wilkes gesagt hatte! Ohne zu zögern nahm er die Feder aus meiner Hand und las weiter. Wieder entstand ein längeres Stillschweigen. Schließlich erhob er sich, ging zum Fenster und lehnte sich gegen die Wand. Er hatte jedes Wort gelesen — und noch immer herrschte absolute Stille. Nach fünf langen Minuten kam er an sein Pult zurück, setzte sich und unterschrieb. Dazu sagte er: «Ich glaube, es ist besser, ich unterschreibe es. Tue ich es nicht, so könnte ich Angst bekommen, sterben zu müssen!»

Mit größter Selbstbeherrschung sagte ich: «Wollen Sie mir gleich für das ganze Jahr einen Scheck geben, Mr. E., oder ziehen Sie es vor, jetzt nur eine Halbjahresprämie zu bezahlen und den Rest in sechs Monaten?»

«Wieviel macht es?» fragte er.

«Nur 432 Dollar», sagte ich.

Er zog sein Scheckbuch aus der Schublade, besann sich einen Moment und sagte: «Besser zahle ich alles auf einmal — in sechs Monaten werde ich auch nicht mehr Geld haben als jetzt!»

Als er mir den Scheck überreichte, hätte ich am liebsten gejauchzt vor Freude. Das Wunder, das Mr. Wilkes entdeckt hatte, das so unnatürlich und unglaubhaft schien, hatte sich bewährt!

Nie hat es mir ein Kunde übel genommen, wenn ich versucht habe, ihn zur Unterschrift zu bewegen. Habe ich einmal keinen Erfolg, dann hält mich nichts davon ab, wiederzukommen und es erneut zu versuchen.

Wo liegt der psychologische Hintergrund dieser Methode? Ich weiß es nicht. Vielleicht liegt es daran, daß man die Gedanken des Kunden auf die Unterschrift konzentriert und nicht auf eine Abweisung. Man hat ihn so weit gebracht, daß man alle Argumente, die *gegen* die Unterschrift sprechen, erledigt hat, so daß er nur noch daran denkt, warum er unterschreiben sollte. Man lenkt seine Gedanken direkt auf die Tat!

Obwohl diese Methode in der Regel erst beim letzten, entscheidenden Besuch angewandt werden soll, glaube ich doch, daß wir oft ein Geschäft beim ersten Interview abschließen könnten, doch wir nehmen unsere Chance nicht wahr. Oft hat mir diese Methode schon beim ersten Besuch einen Abschluß eingebracht, während ich früher bei ähnlichen Gelegenheiten unverrichteter Dinge abziehen und nochmals ansetzen mußte.

Nachdem ich diese Taktik schon seit drei Jahren angewandt hatte, erhielt ich ein Angebot von einer großen Finanzorganisation. Die Bedingungen waren verlockend, und nach der ersten Besprechung kam ich zum Schluß, daß ich die Sache ernsthaft prüfen wollte. Die zweite Besprechung wurde zehn Tage später angesetzt. Während dieser Zeit besprach ich meinen Plan mit verschiedenen Freunden, die über große Erfahrung verfügten. Und schließlich kam ich zum Entschluß, das Angebot *abzulehnen.*

Als ich nach zehn Tagen in das prächtige Büro der Gesellschaft geführt wurde, sah ich, daß mein Kontakt bereits fix-fertig ausgefüllt vor mir auf dem Tisch lag. Unten war das Dokument mit einem schönen goldenen Siegel versehen und neben der punktierten Linie für die Unterschrift war ein großes ✕ gezeichnet!

Langsam und ruhig las ich den Vertrag mehrmals.

Kein Wort wurde gesprochen.

Alle Gründe, die mich zum Entschluß geführt hatten, *nicht* einzuwilligen, schienen plötzlich vergessen. Hingegen waren mir sämtliche Überlegungen, warum ich den Vertrag akzeptieren sollte, klar gegenwärtig. Das Einkommen war ausgezeichnet und absolut gesichert; ich konnte darauf zählen, ob gesund oder krank, in guten und schlechten Zeiten; es war eine ausgezeichnete Gesellschaft von bestem Ruf ...

Als ich aufblickte und dem Direktor erklärte, daß ich mich entschlossen hätte, nicht anzunehmen, und als ich meine Gründe darlegte, schien es mir, als ob ich Dinge aufsagte, die ich gar nicht meinte. Zu meinem Erstaunen zeigte sich der Direktor keineswegs überrascht. Er streckte mir die Hand entgegen, schüttelte die meine herzlich und sagte freundlich: «Das tut mir leid, Mr. Bettger, wir hätten Sie gerne bei uns gehabt, doch nun wünsche ich Ihnen viel Glück und hoffe, daß Sie weiterhin recht viel Erfolg haben werden!»

Das Eigenartige an dieser Besprechung lag darin, daß mir erst später aufging, daß man die gleiche Methode, die ich selbst anwandte, bei mir probiert hatte. Das spricht für die Natürlichkeit dieses Vorgehens. Ich hatte sogar bereits seine Füllfeder in der Hand, realisierte es aber gar nicht! Wahrscheinlich wäre er höchst erstaunt gewesen, hätte er gewußt, wie nahe ich daran war, doch zu unterzeichnen. Wenn er nicht so schnell aufgegeben hätte, wäre alles anders gekommen, und ich hätte unterschrieben.

Möchten Sie noch erfahren, was aus Mr. Wilkes, dem einstigen armseligen Versicherungsagenten, der diese Methode entdeckte, geworden ist?

Ernest Wilkes wurde Vizepräsident der größten Versicherungsgesellschaft der Welt, der Metropolitan Life Insurance Company. Als er unerwartet starb, hatte er alle Aussichten gehabt, die Präsidentschaft der Gesellschaft übernehmen zu können.

Kurzfassung
dieser Abschlußart

1. Fülle das Bestell- oder Antragsformular vor dem Besuch so weit wie möglich aus. Auf alle Fälle setze den Namen des Kunden und seine genaue Adresse ein.

2. Wenn eine Unterschrift nötig ist, dann bezeichne den dazu bestimmten Platz mit einem großen ✕.

3. Deine ersten Worte: «Ist das in Ordnung, Mr. Blank?» Damit legst du das Formular gerade vor ihm hin. Wenn der Kunde steht, falte das Papier auseinander und überreiche es ihm.

4. Von dir muß alle Initiative ausgehen, die zur *Tat* führt! Der beste Dienst, den man einem Menschen leisten kann, besteht darin, ihm zu helfen, eine kluge Entscheidung zu treffen.

Zusammenfassung des 5. Teils

1. Versuche nicht, zuerst das schwere Tau zu werfen — wirf die Hilfsschnur! Die Einleitung eines Verkaufsgesprächs darf nur *ein* Ziel haben — dem Kunden das Interview zu «verkaufen». Nicht die Ware — das Interview! Das ist der «Verkauf» *vor* dem Verkauf.

2. Die Grundlage eines Verkaufs liegt in der Fähigkeit, Abmachungen zu treffen. Das Geheimnis einer guten und erfolgreichen Verhandlung aber liegt im «Verkauf» einer wohlvorbereiteten Abmachung. Gute Abmachungen trifft man nicht, indem man gleich auf die Bestellung lossteuert, sondern alles darauf konzentriert, eine gute Ausgangsbasis zu beziehen. Verkaufe zuerst die Abmachung — dann die Ware.

3. Versuche nie, Sekretärinnen und Telefonistinnen zu übergehen! Sei offen und ehrlich mit ihnen! Ziehe sie ins Vertrauen. Verwende nie einen Trick oder eine Täuschung.

4. Wer im Verkaufsgeschäft ein «Star» werden will, muß das ABC seines Gebietes restlos beherrschen. Notiere deine Verkaufsgespräche Wort für Wort. Prüfe sie immer wieder. Lerne sie nicht auswendig, sondern übe sie praktisch mit deiner Frau, deinen Kollegen oder deinem Chef. Übe so lange, bis du von Begeisterung erfüllt bist, es immer besser zu machen. So üben, üben und nochmals üben!

5. Verwende im Gespräch soviel bildhafte Beispiele wie immer möglich. «Ein Beispiel ist mehr wert als tausend Worte.» Lasse den Kunden aktiv werden. Lasse ihn mithelfen, den Verkauf zustande zu bringen.

6. Vergiß nie einen Kunden und lasse keinen Kunden dich vergessen! Neue Kunden sind die beste Quelle für andere neue Kunden! Besuche bediente Kunden, solange sie noch von ihrem Kauf begeistert sind. Berichte stets über die Empfehlungen, die man dir gegeben hat — ganz unbeschadet, ob sie erfolgreich waren oder nicht. Denke an den Weltmeister im Billardspiel! Spiele so, daß auch der nächste «Ball» gut liegt!

7. Prüfe deine Abschlußtechnik jeden Tag. Wende diese Regeln an, bis sie Teil deiner selbst geworden sind. Ziehe nach erfolglosen Verhandlungen deine Taschen-Notizen zu Rate. Bestehe die Feuerprobe immer aufs neue!

6. TEIL

Keine Angst vor Mißerfolgen!

Keine Angst vor Mißerfolgen!

Es war an einem strahlenden Samstagnachmittag im Sommer. 35 000 begeisterte und aufgeregte Zuschauer befanden sich im Shibe-Park, um ein Baseballspiel anzusehen, bei dem auf der einen Seite der weltberühmte Spieler Babe Ruth und auf der anderen Seite Bob Grove, einer der gefährlichsten Linksschläger aller Zeiten, standen. Und es schien, als ob diesmal Babe Ruth eine Niederlage einstecken müßte.

Als Babe sich aufstellte, wurde das Geschrei der Zuschauer hysterisch. Es kam zur Entscheidung. Mit unerschütterlicher Ruhe holte Babe zum Schlag aus — und verfehlte. «Erster Schlag», rief der Schiedsrichter. Und wieder holte Babe aus. Sein Gesicht zeigte nicht die geringste Nervosität; und wieder vermochte sein weltberühmter Schlag den Ball nicht zu treffen. «Zweiter Schlag!» echote der Schiedsrichter. Und in diesem Augenblick fiel Babe zu Boden. Er hatte so heftig geschwungen, daß er das Gleichgewicht verlor und zu Boden stürzte. Er lag in einer Wolke von Staub, während das Publikum tobte. Ich versuchte, meinem Nachbarn etwas ins Ohr zu rufen, doch der Lärm war so groß, daß wir uns nicht verständigen konnten. Endlich hatte sich Babe von seiner Überraschung erholt, stand wieder auf den Beinen und schlug sich den Staub von den Kleidern. Langsam wischte er sich die Hände ab und nahm Stellung für den dritten Ball. Grove gab so hart und schnell ab, daß keiner der Zuschauer den Ball sehen konnte. Babe schlug — und niemand wußte, was geschehen war. Alles war viel zu schnell gegangen. Dieser Ball aber kam nie zurück! Er verschwand über dem Publikum in den Häusern auf der anderen Seite der Straße — einer der weitesten Schläge, die je im Baseball gemacht wurden.

Babe Ruth erhielt eine Ovation der Zuschauer, wie sie selten gespendet wird. Aufmerksam beobachtete ich sein Gesicht, als er die Mütze abnahm. Sein Gesicht zeigte ein feines Lächeln — genau dasselbe, das er beim mißglückten ersten und zweiten Schlag getragen hatte. Sein Ausdruck war völlig unverändert.

Bei einem Interview wurde Babe Ruth gefragt, was er tue, wenn er einmal richtig Pech habe. Babe sagte: «Ich fahre einfach weiter, nach den Bällen zu schlagen. Ich weiß, daß mich das Gesetz des Durchschnitt-Treffers nicht verlassen wird, so wenig wie es andere verläßt. Solange ich einen kräftigen Schlag führe, habe ich nichts zu befürchten. Wenn mir ein paar Bälle durchgehen oder selbst wenn ich eine ganze Woche lang nichts treffe — warum sollte ich mir deswegen Sorgen machen?»

Dieser unerschütterliche Glaube an das Gesetz des Durchschnitts ermöglichte es Babe Ruth, alle Niederlagen mit einem Lächeln einzustecken. Diese einfache Überlegung war untrennbar verbunden mit dem größten und höchstbezahlten Baseballspieler aller Zeiten.

Wenn wir etwas über die großen Erfolge im Sport und im Geschäft lesen, sagt man uns selten etwas über die Niederlagen, die diese Männer auch einstecken mußten. Babe Ruth, der unvergeßliche Meister im Baseballspiel, hatte einen unerreichten Rekord von 851 «home runs» aufgestellt, doch anderseits hatte er ebenfalls den höchsten Rekord an Niederlagen einstecken müssen, nämlich 1330! Eintausenddreihundertdreißigmal hatte das Publikum gekichert statt applaudiert, doch nie konnten

Nervosität oder Angst von Babe Besitz ergreifen. Wenn er schlug, zählte er die Niederlagen nicht — und das war seine Stärke.

Lassen Sie sich durch Ihre Niederlagen und Mißerfolge nicht entmutigen! Denken Sie daran, daß Ihre Durchschnittschance so groß ist wie die anderer Menschen. Wenn es Ihnen nicht gelingt, an die Spitze vorzustoßen, dann klagen Sie nicht über Ihre Niederlagen, sondern machen Sie sich unverzüglich daran, Ihre Rapporte und Statistiken nachzuprüfen. Wahrscheinlich werden Sie dann herausfinden, daß der wahre Grund ungenügende Anstrengung ist. Sie geben dem Gesetz des Durchschnitts zu wenig Chancen.

Glauben Sie wirklich an sich selbst und an das, was Sie vorhaben? Sind Sie bereit auch Niederlagen einzustecken? Immer dann, wenn Sie einen Mißerfolg verbucht haben, ist Ihre Chance für einen Erfolg am größten! Je mehr Niederlagen Sie eingesteckt haben, um so näher kommt der nächste Erfolg. Mich beeindruckte nachstehende Geschichte endloser Mißerfolge:

Ein junger Mann ließ sich als Kandidat für die Behörden von Illinois aufstellen. Bei den Wahlen fiel er kläglich durch.

Er verlegte sich aufs Geschäftsleben — machte Pleite — und mußte siebzehn Jahre seines Lebens die Schulden eines nichtsnutzigen Teilhabers abzahlen.

Er verliebte sich in ein schönes junges Mädchen, verlobte sich mit ihm — und es starb.

Er kehrte in die Politik zurück. Ließ sich als Kongreßkandidat aufstellen — und wurde geschlagen.

256

Er versuchte, beim United States Land Office eine Stelle zu erhalten — erfolglos.

Er wurde Kandidat für den Senat — und wurde geschlagen.

Eine Niederlage nach der anderen — schwere Niederlagen, doch unerschütterlich ging der Mann seinen Weg, und er wurde eine der größten Persönlichkeiten der Geschichte.

Vielleicht haben Sie seinen Namen schon gehört? Er hieß *Abraham Lincoln*.

Kürzlich traf ich einen ehemaligen Vertreter, der eine Stelle als Angestellter in einer kleinen Fabrik innehat. Er erzählte mir, daß allein die Furcht vor Niederlagen und Mißerfolgen seinen Vertreterberuf unmöglich gemacht hatte. «Wenn ich im Auftrag meines Arbeitgebers einen Kunden besuchen mußte, war ich direkt froh, wenn er nicht anwesend war. War er da, so verging ich vor Angst, keine Bestellung zu erhalten. Ich war so übernervös und aufgeregt, daß ich mir jedes Geschäft verdarb.» Die Angst vor Mißerfolgen ist eine weitverbreitete Schwäche.

Als ich kürzlich mit meinem Freund Cambell frühstückte, fragte ich Dick, der bei der Fidelity Mutual Lebensversicherung einen Rekord an Abschlüssen aufgestellt hatte, ob er je gegen die Angst vor Mißerfolgen habe ankämpfen müssen. Ich war erstaunt, zu hören, daß er deswegen fast seinen Beruf aufgegeben hätte. Hören wir ihm zu:

Niemand konnte deprimierter und niedergeschlagener sein, als ich es war: ich konnte meine Rechnungen nicht mehr bezahlen, nie hatte ich Geld in der Tasche. Je schlimmer es wurde, um so weniger Kunden besuchte ich. Ich schämte mich über meine

Rapporte so, daß ich auf meinen eigenen Statistiken Namen von Kunden einsetzte, die ich nie besucht hatte. Ja, ich begann, mich selbst zu betrügen. Niemand kann tiefer sinken! Eines Tages fuhr ich aufs Land, und an einem einsamen Weg setzte ich mich nieder und wollte mit mir ins Reine kommen. Drei Stunden lang überdachte ich meine Lage. «Was ist los mit dir?» fragte ich mich. Und ich ersparte mir nichts! «Campbell», sagte ich zu mir, «wenn du anfängst dich selbst zu betrügen, dann wirst du bald auch andere hintergehen. Du bist auf Abwegen! Du hast nur eine Wahl zu treffen, und diese Wahl muß jetzt, zu dieser Stunde, getroffen werden!»

Seit jenem Tag hat Dick Campbell genaue und regelmäßig Aufzeichnungen über seine Arbeit und seinen Lebensplan geführt. *«Die Umwelt beherrscht entweder uns — oder wir beherrschen sie!»* sagte er *«und ich ziehe es immer noch vor, mich selbst zu beherrschen!»*

Dick Campbell ist der festen Überzeugung, daß ihn einzig und allein die Befolgung dieses Planes von seiner Angst befreit hat. Er fügte noch hinzu: «Wenn je ein Verkäufer aufhört, genügend Kunden zu besuchen, dann verliert er auch das Maß für Niederlagen, die unumgänglich sind.

Das ist es, was auch Babe Ruth besaß — den Sinn für Sieg und Niederlage! Brother Gilbert, der Babe Ruth entdeckte, sagte von ihm: «Wenn er Niederlagen einstecken mußte, sah er besser aus, als wenn er siegte!»

Dr. Louis E. Bisch, ein führender amerikanischer Psychiater, schrieb: «Pflege ruhig ein wenig gesunde Gleichgültigkeit; mache dir keine Sorgen über das, was die Leute von dir denken. Man wird dich deswegen nur mehr schätzen und achten.»

Sobald man sich zu hartnäckig in etwas verbeißt und über-
ängstlich wird — sieht man schlecht aus. Man fühlt sich auch
miserabel! Bleibe bei der Stange, aber zwinge nichts. Der heu-
tige Tag wird dich nicht unterkriegen. Du kannst nicht jeden
Tag dreihundert Bälle schlagen, das Publikum liebt auch einen
guten Verlierer. Aber einer, der davonläuft, wird verachtet.

«Es kommt nicht darauf an», sagt Lincoln, «ob du verloren
hast, sondern ob du dich mit deiner Niederlage abfindest!»

Thomas Edison hatte 10 000 Mißerfolge zu verzeichnen, bis er
die Glühbirne erfand, doch der große Erfinder wußte, daß
jeder Mißerfolg ihn näher an das Ziel bringen würde.

Niemand wird sich mehr an deine Mißerfolge erinnern, wenn
du einmal keine Sorgen mehr hast.

Niederlagen bedeuten nichts, wenn sie von Erfolgen abgelöst
werden. Allein dieser Gedanke muß dir helfen, auszuharren
und ruhig weiterzugehen, wenn die Dinge im Moment auch
nicht rosig aussehen.

Bleibe weiter aktiv! Jede Woche, jeder Monat bringt dich näher
ans Ziel, und eines Tages wird dir gelingen, was heute unmöglich
scheint.

Shakespeare schrieb: «Unsere Zweifel sind Verräter. Sie halten
uns davon zurück, einen Versuch zu wagen, und damit machen
sie uns oft zum Verlierer, wo wir gewinnen könnten.»

*Mut bedeutet nicht Freisein von Angst,
sondern ihre Überwindung.*

Benjamin Franklins Geheimnis des Erfolges
— und was ich daraus lernte

Dieses Kapitel hätte eigentlich am Beginn des Buches stehen müssen. Ich habe es jedoch für den Schluß aufgespart, da es vielleicht das weitaus wichtigste ist, sozusagen der Weg, der mich zum Erfolg führte.

Ich wurde während eines Wirbelsturmes in einem armseligen Häuschen an der Nassau-Straße in Philadelphia geboren. An beiden Seiten der Straße waren alle fünfzig Meter Laternenpfosten angebracht, und ich erinnere mich gut, wie ich als kleiner Knabe jeden Abend zusah, wie der Anzünder in der Dämmerung mit einer langen Stange durch die Straße ging, bei jeder Laterne Halt machte und sie anzündete. Meistens blickte ich ihm nach, bis er verschwand — eine lange Reihe brennender Lichter zurücklassend, so daß die Leute im Dunkel den Weg finden konnten.

Viele Jahre später, als ich noch im Dunkeln tappte und versuchte etwas zu verkaufen, stieß ich zufällig auf ein Buch, das einen großen Einfluß auf mein Leben ausübte. Es war Benjamin Franklins Selbstbiographie. Sein Leben erinnerte mich stets an jenen Laternenanzünder — auch Franklin ließ eine Reihe von Lichtern zurück, damit die Menschen besser ihren Weg finden können.

Eines dieser Lichter — einem Leuchtturm gleich — erschuf

Franklin, als er in Philadelphia noch ein kleiner Drucker und in großen Schwierigkeiten war. Er schätzte seine Fähigkeiten als durchschnittlich ein; doch glaubte er, sich die Grundsätze eines erfolgreichen Lebens anzueignen, wenn es ihm nur gelänge, die richtige Methode zu finden. Und sein erfinderischer Kopf entwickelte eine Methode, so einfach, praktisch und klar, daß sie von jedermann angewandt werden konnte.

Franklin stellte dreizehn Punkte für sich auf, die er als wichtig erachtete, und er begann, je eine Woche lang sich auf einen dieser Vorsätze zu konzentrieren. Auf diese Weise gelang es ihm, in dreizehn Wochen seine Liste durchzugehen und das gleiche viermal im Jahr zu wiederholen. Auf Seite 265 befindet sich eine genaue Beschreibung der dreizehn Punkte Franklins, so wie sie sich in seiner Autobiographie befinden.

Als Benjamin Franklin 79 Jahre alt war, schrieb er über diese Grundsätze mehr, als er je über etwas anderes geschrieben hatte. Fünfzehn Seiten widmete er allein diesen Gedanken, denn ihnen verdankte er Glück und Erfolg. Nicht umsonst rief er aus: «Ich hoffe, daß später einige Menschen meinem Beispiele folgen und den Gewinn daraus ziehen werden.»

Als ich diese Worte zuerst las, blätterte ich sofort zurück, wo Franklin beginnt, seinen Plan zu erläutern. Im Laufe der Jahre habe ich diese Seiten dutzendmal gelesen. Sie bedeuten für mich geradezu ein wertvolles Vermächtnis!

Nun, dachte ich, wenn ein Genie wie Benjamin Franklin, und einer der klügsten und tüchtigsten Männer, die je auf dieser Erde lebten, der Ansicht war, diese dreizehn Regeln gehörten zum Besten, was er je geschaffen hatte, warum sollte ich es nicht versuchen? Wenn ich eine höhere Schule besucht hätte, wäre ich wahrscheinlich der Meinung gewesen, ich sei viel zu gescheit, um mich mit solchen einfachen Dingen abzugeben. So aber litt ich an einem Minderwertigkeitskomplex, denn ich hatte nur sechs Jahre lang eine Schule besucht. Als ich dann aber herausfand, daß Franklin selbst nur *zwei* Jahre zur Schule gegangen war, und daß heute, 150 Jahre nach seinem Tode, die größten Universitäten der Welt ihn mit Ehren überschütten, dachte ich, ich müßte ein Dummkopf sein, die Ratschläge des großen Mannes nicht auszuprobieren! Trotzdem erzählte ich keinem Menschen etwas davon — aus Angst, man könnte sich über mich lustig machen.

Ich befolgte Franklins Plan und übertrug seine Ideen auf meine Arbeit als Verkäufer. Aus den dreizehn Punkten wählte ich sechs aus und fügte sieben andere hinzu, die ich für meinen Beruf als besonders nützlich erachtete, die mir immer Mühe gemacht hatten.

Und hier ist meine Liste, in derselben Reihenfolge, wie ich sie befolge:

 1. Begeistere dich!
 2. Halte Ordnung, organisiere dich selbst.
 3. Versetze dich in die Interessen des anderen!
 4. Stelle Fragen.
 5. Suche den Angelpunkt.
 6. Schweige! Höre zu!
 7. Sei ehrlich: gewinne Vertrauen!
 8. Kenne deinen Beruf durch und durch!
 9. Anerkenne und lobe die Leistungen anderer!
10. Lächle! Sei zufrieden und glücklich!
11. Lerne Namen und Gesichter behalten.
12. Vergiß nie einen Kunden!

13. Handle beim Abschluß des Verkaufs und bringe den Kunden zum Handeln!

Sodann fertigte ich in Postkartengröße für jeden Punkt eine Taschen-Notiz an. Hier führte ich nicht nur den wichtigsten Punkt, sondern alle damit zusammenhängenden Hauptregeln auf — ähnlich wie bei meinen anderen Taschen-Notizen. Während der ersten Woche trug ich die Karte «Begeistere dich!» mit mir. Immer wieder — und besonders wenn ich mutlos wurde — las ich diese Karte durch, und das während einer ganzen Woche. In dieser Zeit nahm ich mir vor, meine Arbeitsfreude und meine Begeisterung zu verdoppeln und auf alle Lebensgebiete zu übertragen. In der zweiten Woche führte ich die Karte «Organisiere dich selbst!» mit. Und so hielt ich es dreizehn Wochen.

Nachdem ich die dreizehn Wochen beendet hatte, griff ich wieder zur ersten Karte «Begeistere dich!» und begann von neuem. Ich merkte, daß ich mich besser beherrschte, als je zuvor. Mit jeder Woche wurde mir das einzelne Problem, dem ich mich widmete, klarer und vertrauter. Meine Arbeit schien mir interessanter, und ich begeisterte mich dafür!

Nach einem Jahr hatte ich den Turnus viermal wiederholt. Und nun war ich so weit, daß ich alle diese Vorsätze ausführte. Nie wäre mir das ohne diesen Plan geglückt. Ich zweifle daran, ob es mir je gelungen wäre, meine Arbeitsfreude und Begeisterung aufrecht zu erhalten ... und ich bin fest davon überzeugt, daß ein Mann, dem es gelingt, seine Begeisterung *aufrecht zu erhalten,* früher oder später Erfolg haben *muß!*

Es ist erstaunlich, wie wenig Leute es gibt, die noch nie etwas von Benjamin Franklins Lebensplan gehört haben, doch noch nie traf ich jemanden, der einen Versuch damit machte. Und doch gab Franklin kurze Zeit vor dem Abschluß seines langen und erfolgreichen Lebens der Hoffnung Ausdruck, die Menschen, die nach ihm kommen, möchten seinem Beispiel folgen und sich seine Erfahrungen zunutze machen.

Ich glaube kaum, daß ein Verkaufsdirektor für seine Vertreter etwas Besseres tun kann, etwas, das direkter und sicherer zum Erfolg führt, als ihnen diesen Plan zur Aufgabe zu machen.

Denken wir daran, daß Benjamin Franklin ein Wissenschaftler war! Sein Plan ist von wissenschaftlicher Genauigkeit. Führen Sie ihn aus — und Sie machen sich eine der besten Ideen, die Ihnen je geboten wurden, zunutze! Ich habe es erfahren und ich weiß, wie mir dieser Plan geholfen hat. Dasselbe vollbringt er auch für alle anderen, die ihn anwenden. Es ist kein leichter — aber ein *sicherer* Weg.

Benjamin Franklins
dreizehn Lebensregeln

Gemäß seinen eigenen Aufzeichnungen und in derselben Reihenfolge, wie er sie selbst angewandt hat.

1. *Mäßigkeit.* Iß nicht bis zur Stumpfheit; trinke nicht soviel, daß du erregt wirst.
2. *Schweigen.* Rede nur, soweit es anderen oder dir selbst zum Segen gereicht. Vermeide nutzloses Geschwätz.
3. *Ordnung.* Gib allen Dingen ihren Platz; räume allen Teilen deiner Geschäfte ihre Zeit ein.
4. *Entschlossenheit.* Entschließe dich zu dem, was du leisten mußt; leiste unfehlbar das, was du beschlossen hast.
5. *Genügsamkeit.* Mache Auslagen nur dann, wenn sie anderen oder dir zum Guten gereichen, d. h. verschwende nichts.
6. *Fleiß.* Verliere keine Zeit; beschäftige dich stets mit nützlichen Dingen. Vermeide jede unnötige und sinnlose Handlung.
7. *Aufrichtigkeit.* Begehe keine Hinterlistigkeit; denke sauber und gerecht; sprich so wie du denkst!
8. *Gerechtigkeit.* Verletze niemanden, indem du ihm Unrecht tust oder ihm eine Hilfe versagst, die deine Pflicht ist.
9. *Beherrschung.* Vermeide die Extreme!
10. *Reinlichkeit.* Dulde keine Unreinlichkeit, weder an deinem Körper, noch an deiner Kleidung oder an deinem Wohnort.
11. *Ruhe.* Lasse dich nicht durch Kleinigkeiten oder unabwendbare Zwischenfälle aus der Ruhe bringen.
12. *Harmonie.* Sorge für deine innere Ausgeglichenheit.
13. *Bescheidenheit.* Lebe wie Jesus.

Unter vier Augen

Wenn Sie mein eigener Bruder wären, würde ich Ihnen jetzt sagen, was ich Ihnen zu sagen habe ... Sie haben keine Zeit zu verlieren!

Ich weiß nicht, wie alt Sie sind, doch nehmen wir einmal an, Sie wären ungefähr fünfunddreißig. Dann ist es schon später als Sie denken! Bald werden Sie vierzig sein — und wenn man einmal die Vierzig überschritten hat, vergeht die Zeit sehr schnell. Ich weiß es, denn ich bin jetzt, da ich dieses Buch schreibe, einundsechzig Jahre alt — und ich kann es kaum fassen. Es wird mir fast schwindlig, wenn ich daran denke, wie schnell die Zeit verging.

Nun, da Sie mein Buch gelesen haben, glaube ich zu wissen, was Sie denken: genau dasselbe, was ich denken würde, wenn ich es zum erstenmal gelesen hätte. Sie haben so vieles gehört, daß Sie wahrscheinlich etwas verwirrt sind und nicht wissen, wo Sie beginnen sollen. Von drei Dingen können Sie wählen:

1. Nichts! Wenn Sie absolut nichts unternehmen, dann haben Sie Ihre Zeit nutz- und sinnlos an diesem Buch verschwendet.

2. Sie können sich sagen: «Das Buch enthält viele gute Gedanken. Ich werde alles daransetzen, sie zu verwirklichen.»

Wenn Sie das machen, dann prophezeihe ich Ihnen einen Miß-erfolg!

3. Sie können die Ratschläge eines der größten Männer, die je gelebt haben, Benjamin Franklins, befolgen. Ich weiß genau, was er Ihnen sagen würde, wenn Sie jetzt mit ihm sprechen und ihn um Rat fragen könnten. Er würde Ihnen raten, jedem Entschluß Zeit zu gewähren, nur ein Ding aufs Mal zu tun und diesem Vorsatz eine ganze Woche Ihre Aufmerksamkeit zu schenken, alle anderen Fragen aber vorläufig nicht zu beachten.

Ob Sie nun ein Buchdrucker, Verkäufer, Bankier oder Glacé-händler auf der Straße sind, Sie werden am meisten Erfolg haben, wenn Sie dreizehn Punkte, die für Sie besonders wichtig sind, auswählen und sich jede Woche ganz auf einen Punkt konzentrieren. Auf diese Weise werden Sie in einer Woche weiterkommen als sonst in einem ganzen Jahr. Sie werden ein neues, starkes Selbstvertrauen gewinnen, und nach dreizehn Wochen werden Sie über Ihre Fortschritte erstaunt sein. Auch wenn Ihre Freunde, Ihre Mitarbeiter, Ihre Familie Ihnen nicht sagen würden, daß Sie sich sehr verändert hätten, weiß ich mit Sicherheit, daß nach den zweiten dreizehn Wochen *jedermann* bemerken wird, daß Sie sich geändert haben.

*

Ich schließe dieses Buch, wie ich es begann: Als Dale Carnegie mich aufforderte, mit ihm eine Vortragstourne zu starten, schien mir dies eine phantastische Idee. Doch als ich damit anfing und die vielen Gesichter junger, hoffnungsvoller Männer vor mir sah, bekam ich einen so starken inneren Auftrieb, daß ich das, was mir vorher unmöglich erschien, mit Begeisterung ausführte: nämlich drei Vorträge jeden Abend an fünf aufeinanderfolgenden Tagen — in dreißig Städten ganz Amerikas.

Noch viel phantastischer und unglaublicher erschien mir die Idee Dale Carnegies, ein Buch zu schreiben. Doch ich begann und habe versucht, so zu schreiben, wie ich angesichts meiner Zuhörer gesprochen habe. Und hier ist mein Buch. Ich hoffe, es gefällt Ihnen.

WIE SICHERN **SIE** IHREN ERFOLG?

GUSTAV KÄSER TRAINING

Amsterdam · Bruxelles · Düsseldorf · Genève · Helsinki
London · Madrid · Milano · München · Paris
Philadelphia · Roma · Stuttgart · Sydney · Zürich

Bücher für positive Lebensgestaltung

Brennholz verkauft man nicht im Wald und Fische nicht am See.
CHINESISCHES SPRICHWORT

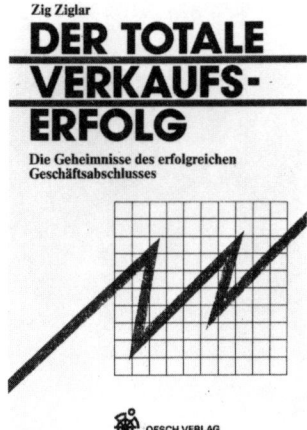

Zig Ziglar
Der totale Verkaufs-erfolg
Das Geheimnis des erfolgreichen Geschäfts-abschlusses.
454 Seiten, Leinen mit Schutzumschlag.

Theorie ist gut – Praxis ist besser. Ob Sie ein Produkt, eine Dienst-leistung oder eine Idee anbieten – immer werden Sie dafür Ihre Über-zeugungskraft einsetzen müssen. Überzeugungskraft als solche wird aber dem Menschen nicht in die Wiege gelegt – sie muss und kann erlernt werden.
Zig Ziglar ist ein ausgesprochener Praktiker und eine der bekanntesten Autoritäten auf dem Gebiet der Verkäuferschulung in den USA. Er zeigt hier an über 100 Fallbeispielen aus der Praxis, wie Überzeugungs-kunst erlernt werden kann.

OESCH VERLAG
Klausstrasse 10, CH-8008 Zürich

Erhältlich in Ihrer Buchhandlung. Bitte verlangen Sie das kostenlose Gesamtverzeichnis ‹Bücher für positive Lebensgestaltung› direkt beim Verlag.